JN411611

| 문학사랑 작가선 34 |

대통령의 군복

천강무애 콩트선집

국립중앙도서관 출판시도서목록(CIP)

대통령의 군복 : 천강무애 콩트선집 / 지은이: 천강무애. --
대전 : 오늘의문학사, 2017
p. ; cm. -- (문학사랑 작가선 ; 34)

ISBN 978-89-5669-800-7 03810 : ₩15000

콩트[conte]
한국 현대 소설[韓國現代小說]

813.7-KDC6
895.735-DDC23 CIP2017003390

대통령의 군복

| 프롤로그 |

텃밭농사를 조금 짓고 있습니다.
농업협동조합 조합원이기도 합니다.

글농사도 이따금 지었습니다.
딴에는 소설이라고 발표한 지 10년이어서
못난 자식일망정 내보내기로 하였습니다.

2권 『대통령의 군복』은
고운 사람들의 이야기를 담으려 하였지만
가슴 아픈 이야기도 들어 있습니다.
우리가 사는 이 세상에서 서로서로
따듯한 이웃이 되는 꿈을 꾸어 봅니다.

세 권을 다 펴내고 나면
밭농사나 한 번 오지게 지어볼랍니다.

차례

차례

차례

차례

일초(日超) 좌시경

“러시아가 크림 반도를 취하다니….”

일초 스님이 혼잣말을 하였다.

“미국도 소용없고, 떠들어 보았자, 유럽도 소용없으리니….”

상기한 얼굴로 단전에 힘을 모았다.

“뿌지직!”

세상 무너지는 소리가 시원했다.

해우소(解憂所) 추녀에 매달린 곤줄박이 한 마리가 기웃거렸다.

* 곤줄박이 : 야산에서 사는 작은 새 이름

아파트와 에쿠스

사장실 문 앞에 이르렀다. 기다렸다는 듯이 양비서가 일어나 사장실 문을 노크했다.

"사장님, 노조 김 위원장님 오셨습니다."

"그래? 퍼뜩 모셔라."

양비서가 문을 열었다. 고개를 숙이며 들어서는데 배웅하던 동료들의 얼굴이 떠올랐다. 두 손을 꽉 잡으며 성공하고 돌아오라는 애원 섞인 눈빛도 떠올랐다. 아랫배에 힘을 주고 들어섰다. 턱을 당겨서 다부지게 스스로 다짐을 하며 응접 세트를 향하여 다가갔다.

"하이고! 김 위원장, 오랜만이네!"

"예, 사장님."

"그래, 둘째 아이가 초등학교에 입학을 했다면서? 큰 아아는 어디 다니노?"

"큰 애는 중학교 3학년입니다."

"벌써 그래댔노? 또리방 또리방 하던데, 공부 잘 하노? 김 위원장 닮았으면 공부 잘하겠네!"

"네, 잘 하는 편입니다."

정말 큰 아들 노마는 공부를 잘했다. 남들 하는 과외공부를 한 시간도 안 했지만, 전교 3등 안에 들어가고 있었다. 그런데 요즘에 약간 힘들어 했다. 과목마다 과외를 한다는 아이가 1등을 독차지하면서 2등이나 3등에 머물렀다. 그래서 2등과 3등 싸움일 뿐, 1등은 경쟁상대가 아닌 것 같았다. 1등을 하고 싶다며 과외를 시켜달라던 노마의 얼굴이 스쳐 지나갔다.

"김 위원장, 이제 도장 찍자구마. 노조 주장을 모르는 바 아니지만, 회사가 살아야 지들도 사는 것이 아니겠나?"

"사장님이 좀 더 양보하셔야 될 것 같습니다. 일은 열심히 하겠습니다. 시간외 수당만큼은 틀림없이 주셔야겠습니다. 법정 근로시간을 채우고도 세 시간, 다섯 시간씩 더 하잖습니까? 법정 수당은 아니더라도, 조금은 주셔야 저도 조합원들을 설득할 수 있지 않겠습니까?"

시간외 수당을 받으면, 노마의 과외비로 쓸 수는 없겠지만, 아내의 시장 발걸음은 좀 가벼워질 것 같았다. 그리고 시골에 계시는 부모님께도 매달 10만원 정도는 보내드릴 수 있을 것 같았다. 공장을 나설 때, 동료들의 애원하는 얼굴들이 다시금 떠올랐다.

"시간외 수당은 조금 지급하지!"

"예? 사장님, 감사합니다. 제 체면이 좀 설 것 같습니다."

"근데, 지난번에 잘랐던 아아들 처리 문제는 자네가 양보하게."

"예?"

*

시간외 수당을 지급한다고 하더니, 어느새 김 위원장이라는 호칭이 자네로 바뀌어 있다. 노동자 대표로 대좌하고 있는 위원장에게 이것은 망발일 수밖에 없다. 노조를 무시해도 유만부득이 아니었다. 입술을 잘근 씹었다.

정식 노조위원장이 아니라고 나를 무시하는 것인가? 노조위원장은 이미 잘렸다. 부위원장은 경찰의 수사를 피해 잠적했다. 교섭분과 위원장인 자신만이 남아 외롭게 사장과 대치해야 하는 현실이 서글펐다. 면직당한 위원장을 비롯해 5명의 열성 임원들이 잘리자, 노조 대표를 맡으려고 하는 사람이 없었다. 그래서 혼자 들어올 수밖에 없었다.

"자, 자, 어렵게 생각하지 말고. 회사를 위해서는 그 놈아들 치뻐려야 될끼라. 법에 의해 구속된 아아들을 내 어찌 하겠노?"

"그래도 그렇지요! 회사를 위해 목숨을 걸다시피 한 사람들인데요. 그리고 그 가족들의 생계는 어떻게 하라고요?"

"가난은 나랏님도 구제하지 못했다카드라. 이제 정리하자. 시간외 수당은 지급하고. 짤린 놈 아아들은 버리고. 그래 타협하자."

"안 됩니다. 그래는 못합니다."

"어허, 왜 그래! 자네도 짤리면, 아이들은 어떻게 하려고 그러나. 내, 자네를 특별히 보아왔네. 자, 이것 받고. 도장 찍게. 내 화장실에 좀 다녀옴세."

사장은 서류와 봉투를 내놓고 방을 나섰다. 봉투를 열어 안을 살폈다. 깜짝 놀란 듯 다시 놓았다. 주위를 살펴보고 다시 들었다. 수표 3장이 들어 있었다. 동그라미 숫자를 세어 보았다. 억! 가슴이 쿵덕거렸다. 노마의 얼굴이 떠올랐다. 시장바구니를 들고 집을 나서는 아내의 얼굴이 떠올랐다.

*

그러다 머리를 흔들었다. 공장을 나설 때, 손을 맞잡고 애원하던 동료들의 눈빛이 눈에 밟혔다.

"위원장님! 차 다시 드릴까요?"

양비서가 들어서면서 말했다. 들고 있던 봉투를 얼른 서류 속에 감추었다. 양 비서에게 자신의 모습이 들킨 것 같아 얼굴이 화끈거렸다.

"사장님께서는 갑작스레 손님이 오셔서 못 들어오신답니다. 위원장님한테 서류를 받아서 잘 간수하라고 하십니다. 차 다시 드릴까요?"

"예. 커피 한 잔만 부탁드립니다."

양 비서가 나가자, 두 눈을 감고 도장을 찍었다. 봉투를 가슴 속에 쑤셔 넣었다. 두 장으로는 아파트 하나를 사고, 한 장으로는 차도 사고, 노마 과외도 시켜야겠다. 한 1년쯤 조합원들의 수모를 견자. 그래도 시간외 수당은 건졌지 않았나! 견디다 견디다 못하면 그만두자. 친구가 타고 다니던 에쿠스 검은 세단이 눈앞에서 아른거렸다.

독도(獨島)

천강무애도 독도 바위에 입을 맞추었다.

요한 바오로 2세 교황이 우리나라에 도착하여 맨 먼저 땅에 입을 맞춘 것처럼.

"그리움에 목이 메는 그대를 소망이라 하랴. 사랑이라 하랴. 우리 운명이라 하랴!"

눈물이 떨어져 젖은 바위에 다사로운 기운이 돌았다.

반가운 눈물로 울먹이며 바라본 동쪽 바다에 왜놈들의 붉은 깃발이 어룽지다가 사라졌다.

* 시 「독도」를 부분적으로 인용.

애견의 눈물

현관문을 열고 들어섰다. 망치와 뭉치가 앞발을 들고 동동거리며 안아달라고 보챘다. 두 녀석의 머리를 쓰다듬으며 바라본 아내의 얼굴에 수심이 가득하였다. 앞치마에 손을 씻으며 맞이하던 아내가 걱정스러운 듯 두 녀석을 바라보았다.

"왜, 누가 얘네들 때문에 또 뭐라고 해요?"

"오늘, 세 번째 메모를 붙였어요."

"오늘 또요?"

"네, 같은 필체에요. 노인회 총무를 보는 분 글씨라네요."

망치와 뭉치를 양 가슴에 안고 소파에 앉았다. 두 녀석의 맑은 눈을 마주 보며 저절로 한숨이 나왔다.

'아, 이 녀석들을 어떻게 해야 할까?'

시골에 계시던 어머니를 모셔야 했다. 그리고 두 녀석들과 함께 살기 위해 힘에 부치지만 50평이 넘는 아파트로 이사를 온 며칠 후부터 속앓이가 시작되었다.

*

약학대학을 졸업한 딸 지은이가 약국에 취직이 되어 서울 광진구에 있는 현대 아파트에 입주하자, 대학교 동창이 시추를 한 마리 분양해 주겠다는 전화를 하였다. 지은이가 친구 영주네 집에 가서 6마리의 강아지를 바라보며 '누구를 데려갈까?' 살피고 있는데, 유독 한 마리가 졸졸 따라다녀서 그 녀석을 입양하기로 결정하였다. 한 아이를 넣은 애견가방을 들고 아파트를 나서는데, 또 한 마리가 문 앞까지 따라 나와 '자기도 데려가 달라'는 눈빛이었다. 지은이의 무릎으로 기어오르며 같이 데려가 달라는 모습이었다.

"얘들 시추는 '가족 족보'가 있는 녀석들이어서 사려면 비싸다!"

영주가 아까운 듯 한 마디 하였다.

"그러겠지. 그리고 나는 한 마리도 벅찰 것 같아. 아직 강아지를 길러 본 적이 없거든. 할아버지 댁에서 기르던 '진주'라는 개는 같이 놀며 컸지만, 마당에서 기르는 진돗개였어."

지은이도 걱정스러운 듯 말하였다. 한 참을 생각하던 영주가 따라 나서는 그 녀석을 붙잡아 애견 가방에 넣어 주며 특별히 당부하였다.

"얘들 둘은 특별히 친하게 지냈는데, 한 마리만 가면 둘 다 외로울 테니, 얘들 자매를 데려가라. 많이 사랑해 주고!"

*

그날부터 지은이는 망치, 뭉치와 희로애락을 같이 하며 3년이 흘렀다. 밥그릇과 물그릇도 플라스틱 용기에서 시작하여 스테인리스 그릇으로 고급화하였다. 외출할 때 입는 옷도 봄옷 두 벌, 여름옷 두 벌, 겨울옷 두 벌씩 색색으로 마련하였다. 목줄과 당김 줄도 철에 따라 맞추었다. 밥 역시 고급 식성에 따라 준비하였고, 간식도 고기 스틱에서부터 자잘한 깍두기 모양 등 다양하게 주며 가족이 되었다.

지은이의 '카스토리'에는 두 아이들이 노는 모습의 사진이 도배를 하였다. 공식 자리가 아니면 어디든지 동반하면서 행복한 모습들을 보여주었다. 누나와 함께 살고 있는 아들 은기도 가끔 망치와 뭉치의 사진을 촬영하여 보내왔다. 서울과 대전, 먼 거리에 떨어져 있으면서도 늘 가까이 있는 느낌이었다.

가끔 딸과 아들의 반찬을 해들고 찾아가면 처음 볼 때부터 반갑게 달려들었다. 지은이와 은기가 둘 다 집을 비울 때는 임시로 대전의 우리 집으로 데려다 놓아서 며칠씩 정을 나누기도 하였다. 두 녀석을 넣은 가방, 밥을 먹일 그릇들, 그리고 옷과 끈까지 한 짐을 싣고 왔다가, 다시 싣고 가면, 아파트가 텅 빈 듯하였다.

*

"엄마, 우리 시추들을 좀 받아주세요."

"왜? 무슨 일이 있니?"

"시댁에 고양이 두 마리가 있어요."

"시추도 데려다 함께 살면 되겠네."

"그런데, 시어머니께서 강아지 털 알레르기가 있으시데요."

"그러면, 은기에게 기르라고 해라."

"단호하게 싫다고 해요. 내가 생각해 봐도 남학생 혼자 망치와 뭉치 둘을 기르는 것은 무리일 것 같구요. 애들이 불쌍해질 것 같아서도 안 되겠구요."

"아빠 허락은 네가 받아라. 절대로 안 된다고 하실 걸."

"그럼, 엄마는 허락하신 거네요. 고맙습니다."

지은이의 혼담이 오갔다. 양가 부모님께 따로 따로 인사를 드리고, 이어서 상견례를 치룬 다음에 일사천리로 진행되었다. 그때 문제가 발생하였다. 기르던 시추 두 마리가 갈 곳을 잃었다. 애지중지 기르던 두 녀석을 애견센타에 맡기면 어디론가 팔려가겠지만, 지은이의 마음이 편하지 않은 것 같았다. 자식 이기는 부모가 없다고, 하는 수 없이 떠맡았다. SUV 차량 한 대 가득 짐을 싣고 와서 두 녀석을 떨구고 지은이는 서울로 갔다.

*

아침잠이 없어 새벽 5시에 일어난 나는 망치와 뭉치 두 녀석과 아침 산책길에 나섰다. 왼쪽 어깨에는 배변 시 처리할 가방을 메었다. 그 가방에는 변을 주울 집게와 변을 넣을 비닐봉지가 들어 있었고, 따로 붙은 포켓에는 얘들에게 줄 간식이 한 주먹 들어 있었다. 두 마리를 함께 끌고 가는 일은 쉽지 않았다. 가로수를 사이에 두고, 망치는 왼쪽으로 가는데, 뭉치는 오른쪽으로 돌면서 나무 밑동에 '쉬'를 하였다. 때로는 킁킁거리다가 큰일을 보기라도 하면 갑자기 바빠졌다.

가끔 아내와 함께 한 녀석씩 데리고 가는 날은 좀 편하였다. 큰 길을 나서서 산길에 들어서면 두 녀석의 목줄을 풀어주었다. 큰 귀를 나폴거리며 신나게 뛰어노는 모습을 보면 더불어 행복하였다. 산책을 한 다음, 아파트 입구에 들어서면서 두 사람은 말소리를 줄이고, 발걸음도 조심스러워졌다. 특히 아내는 조심조심 발자국 소리도 내지 않았다.

"엘리베이터에는 안고 들어가세요."

"언제는 안 그랬나요? 늘 그랬는데."

"엘리베이터 바닥에 가끔 오줌인지, 음식물쓰레기 방울인지 떨어져 있거든요. 그러면 냄새가 나는가 봐요."

"알았어요. 조심할게요."

엘리베이터 안에 들어서서 게시판을 바라본다. 산책 나갈 때 보지 못했던 메모지가 나폴거렸다. 노인정 총무님이 아침모임을 가면서 붙인 것 같았다. '공동주택에서는 개를 기르지 마세요. 냄새가 너무 심해요.' 이 메모를 읽으면서 가슴이 먹먹하였다. 정말로 망치와 뭉치는 오줌 한 번 싸지 않았는데, 우리에게 하는 말 같아서 얼굴이 달아올랐다. 그 모습을 보며 아내가 옷깃을 잡아당겼다.

"참아요. 강아지를 기르는 우리가 참아야지요."

"참긴 뭘 참아요? 내가 이번 주 토요일에는 대판 싸움을 해야겠구만!"

"아이고, 지는 게 이기는 거예요. 제발 참아요."

집에 돌아와 애들의 밥과 물을 주면서도 답답한 가슴은 여전하였다.

*

아내와 상의하였다. 이렇게 숨죽이면서 얘들과 함께 죄인처럼 사느니, 이 아이들을 사랑할 수 있는 사람에게 분양하자. 모르는 사람보다 아는 사람이 분양을 받으면 우리도 안심할 수 있으니 그렇게 하자고 의논하였다. 마음이 여린 아내도 어쩔 수 없이 동의하였다. 그래서 운영하고 있는 카페에 공지하기로 하였다. 회원이 500여 명이 되니, 그 중에 한 명쯤은 나타나리라 기대하고 공지하였다.

시추 2마리를 분양합니다.

저는 00카페의 카페지기입니다.

대학에 다니는 딸이 친구로부터 시추 2마리를 얻어 가족으로 들였습니다. 잘 기르다가, 결혼할 때 저희 부부에게 맡겼습니다. 의무 반, 사랑 반으로 1년 5개월을 살았습니다. 정이 들 대로 들어서 가족이나 다름없습니다. 지금도 내어놓을 생각을 하면 가슴이 저립니다.

그런데 저는 아파트에서 거주하고 있습니다. 저희 라인에는 세 집에서 반려동물과 살고 있는데, 주민 중에 어느 분이 반대를 하여, 공동주택에서는 기를 수 없다고 합니다.

가족 같은 시추 2마리를 가슴 아픈 마음으로 드리겠습니다. 두 마리를 가져가시면 좋겠습니다. 자매로 태어나서 헤어진 적이 없기 때문입니다. 그러나 한 마리씩 가져 가셔도 좋습니다. 각각 별도로, 밥그릇 2개, 물그릇 2개, 옷 4벌, 배변판 2개, 가방 1개, 끈 2개가 있습니다. 사료와 간식도 많이 있습니다. 분양하는 분에게는 몇 달치 사료도 드리겠습니다.

망치는 가볍고 밝습니다. 좀 못 생겼다고 하는데, 병도 없고 그렇습니다. 약간 검고 겁이 있어 보입니다. 여자입니다.(불임수술)

뭉치는 둔중합니다. 잘 생겼다고 하여 사랑을 받는데, 알레르기 기질이 있습니다. 사랑을 갈구하며 적극적입니다. 여자입니다.(불임

수술)

둘 다 나이는 5살 5개월입니다. 사람으로 치면 30~40대에 해당한다고 합니다. 예방주사를 맞추었고, 외부 예방약도 2회 용 남아 있습니다.

혹여 반려동물을 원하시는 분이나, 소개하실 분은 연락을 주시기 바랍니다.

휴대폰 010-0000-0000 / 전화 042-000-0000

이메일 1234567890@hanmail.net

* 아시는 분이 기르시면 좋을 것 같아서 카페에 올려 봅니다.

* 없으시면, 애견센타에서 무료로 입양을 한답니다.

* 사진을 첨부합니다. 정확하게 찍은 것이 아니지만 보여드립니다.

*

1개월을 기다렸다. 가끔 잊을 만하면 전화가 울렸다. 혹시 누구에게 분양 되었는가, 이것을 궁금해 하였지만, 자신이 맡을 수 없는 여러 이유를 대었다. 그때 법률 지식을 가진 '정말로' 법무사가 전화를 하였다.

"아직 애견에 대한 명확한 법률은 없지만, 판례에 의하면, 기를 수 있는 방법도 있습니다."

참으로 반가운 연락이었다.

"아파트 통로에 몇 주택이 사십니까?"

"15층, 2개 라인이니까, 30세대가 살고 있습니다."

"그러면 그 분들에게 질문지를 돌리시지요."

"어떤 내용이 들어가야 하는지, 양식이 있으면 보내주시지요."

"기르게 된 동기, 또 기르면서 깔끔하게 보살폈다면 그런 이야기, 주민의 찬반 투표를 통하여 애견 여부를 결정하겠다는 의사표시, 찬반을 표시하는 칸, 언제까지 우편함에 넣어달라는 요청 등을 충족하는 문장을 만들어 우편함에 넣으세요. 과반수가 넘으면 기를 수 있을 겁니다."

"그래요? 고맙습니다. 참으로 힘이 되었습니다."

"애견 세대가 있으면 같이 힘을 모아도 좋을 것 같습니다."

"감사합니다. 정말 감사합니다."

그래서 컴퓨터로 문안을 만들어 우편함에 넣었다. 망치와 뭉치를 기를 수 있게 허용하는 분이 더 많기를 바라며 손을 모았다.

시추 2마리를 기르고 있습니다.

801동 301호에 사는 천강무애입니다.

대학에 다니던 딸이 친구로부터 시추 2마리를 얻어 반려동물로 들였습니다. 잘 기르다가, 결혼할 때 저희 부부에게 맡겼습니다. 의무 반, 사랑 반으로 2년이 넘게 같이 살았습니다. 정이 들 대로 들어서 가족이나 다름없습니다.

혹여 아파트 주민들에게 불편함을 끼치지 않을까 노심초사하였습니다. 외출할 때에도 견변용 가방을 들고 다녔습니다. 최근에는 우리 아파트에 꺼리는 분이 있으신 것 같아서, 외출할 때에는 운반용 가방에 넣어서 다녔습니다.(냄새나 오물 등을 예방)

801동 이웃 여러분!

다른 곳에 무료로 분양을 하려고 하지만, 이제 저희 [망치] [뭉치]가 늙어서(6살) 가져가려는 사람도 없습니다. 내어놓을 생각을 하면 가슴이 저리기도 합니다. 제가 관여하는 '인터넷 카페'에 올려도 두 녀석의 나이 때문에 선뜻 원하는 사람이 없어 고심하고 있습니다.

주민들에게 큰 피해가 없이 기르려고 노력하고 있습니다. 냄새나 소음문제를 완벽하게 막을 수는 없지만, 정말 조심하고 있습니다. 어디로 보낼 수도 없는 천덕꾸러기, 그러나 저희에게는 아주 소중한 가족입니다. 이들과 함께 살기를 희망하고 있습니다.

그래서 주민 여러분의 의견을 여쭙고 싶습니다. 뒷장의 [허용]과 [반대]란에 0표를 하신 다음, 도장이나 사인을 하셔서 801호 우편함에 넣어 주십시오. 의견에 따라 같이 살거나, 혹은 내 보내겠습니다.

번거롭게 해드려 죄송합니다.

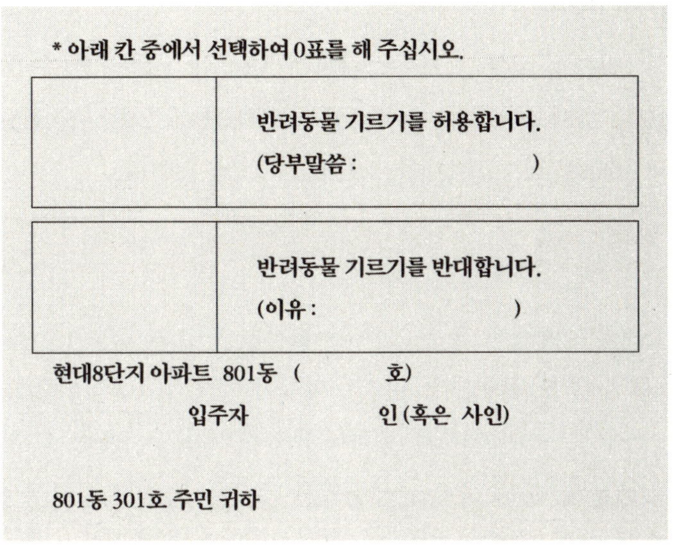

* 아래 칸 중에서 선택하여 0표를 해 주십시오.

	반려동물 기르기를 허용합니다. (당부말씀 :)
	반려동물 기르기를 반대합니다. (이유 :)

현대8단지 아파트 801동 (호)

입주자 인(혹은 사인)

801동 301호 주민 귀하

*

다음날 우편함에 27장의 A4 용지가 모였다. 3명은 답변하기가 어려웠거나 번거로웠던 것 같았다. 우리 아파트는 빈 세대가 없기 때문이다. 반장님을 오시라고 한 후, 반장 선거 때처럼 '허용' '반대'로 용지를 분류하였다. 17표 허용, 10표 반대로 나왔다. 반장께 '반장 명의'로 공지해 줄 것을 요청드렸다. 반장도 기쁜 마음으로 허락하였다.

다음날 아침에 반장의 명의로 17 : 10, 그리고 기권 3명이라는 짤막한 공지가 붙었다. 그 옆에는 더욱 조심스럽게 잘 기르겠다는 301호 입주자 명의의 감사 인사장도 붙어 있었다.

그날부터 부부는 자유스럽게 두 녀석과 산책을 할 수 있었다. 그리고 지은이가 손자와 손녀를 데리고 외갓집에 오는 날이면, 망치와 뭉치를 데리고 신나게 놀았다.

*

봄볕이 따뜻한 오후, 망치와 뭉치를 애견 가방에 넣어 동물병원에 도착하였다. 날씨가 따뜻해지면 바깥출입이 잦을 것이고, 그러면 망치와 뭉치에게 진드기가 달라붙을 수 있기 때문에, 등에 바르는 예방약을 발랐다. 혹여 심장사상충에 걸리면 안 되기 때문에 예방주사도 맞혔다.

무엇이든지 적극적으로 나대는 뭉치가 먼저 머리를 내밀었다. 그러나 이 녀석은 몇몇 알레르기에 예민하여 걱정이었다. 그래도 예방주사는 맞혀야 하기 때문에 뭉치가 먼저 맞았다. 그런데 주사액이 다 들어가기도 전에 뭉치의 몸이 부르르 떨렸다. 눈을 뒤집으며 부르르, 부르르 요동쳤다. 놀란 수의사가 가슴을 쓰다듬다가, 산소호흡을 하듯이 가슴을 압박하기를 계속하였다. 그렇게 10분 정도 지났을까, 수의사가 뒤로 돌아서더니, 사망 선고를 하였다.

"참 안 되었습니다. 이제 어쩔 수 없습니다. 살릴 수 없습니다."

"아니, 어떻게 테스트도 하지 않고 놓습니까?"

"지난번에 괜찮았었기 때문에 놓았는데, 그만."

"그걸 말이라고 하십니까?"

"미안합니다. 똑같이 생긴 시추 한 마리로 변상하겠습니다."

"변상이요? 가족이 죽었는데, 다른 강아지로 주신다고요?"

"정말 미안합니다. 최선을 다했지만, 어쩔 수 없었습니다. 배상을 하라면, 현금으로 배상을 해 드리겠습니다."

"돈이요? 그만 두세요."

망치는 예방주사도 맞히지 않았다. 그리고 차가워진 뭉치를 수건에 싸서 집으로 향했다. 마침 아내가 집을 비웠다. 망치를 홀로 남겨놓고, 뭉치의 옷, 밥그릇, 물 그릇, 목걸이, 끈, 그리고 밥과 간식을 담아 밭으로 향하였다. 대청댐이 바라보이는 밭의 가장자리에 구덩이를 팠다.

직사각형으로 70cm쯤 판 뒤에 겨울옷을 밑에 깔았다. 그리고 식어 차가운 뭉치를 반듯이 엎드린 모습으로 뉘였다. 그 위에 뭉치의 여름옷과 소지품을 올려놓은 뒤, 겨울옷을 여몄다. 가져온 밥과 간식을 머리맡에 놓은 뒤, 무덤의 봉분을 만들었다.

집에 도착하니, 아내가 돌아와 있었다. 이야기를 들으며 아내는 눈물만 방울방울 흘렸다. 이렇게 부부는 눈물로 뭉치와 이별하였다.

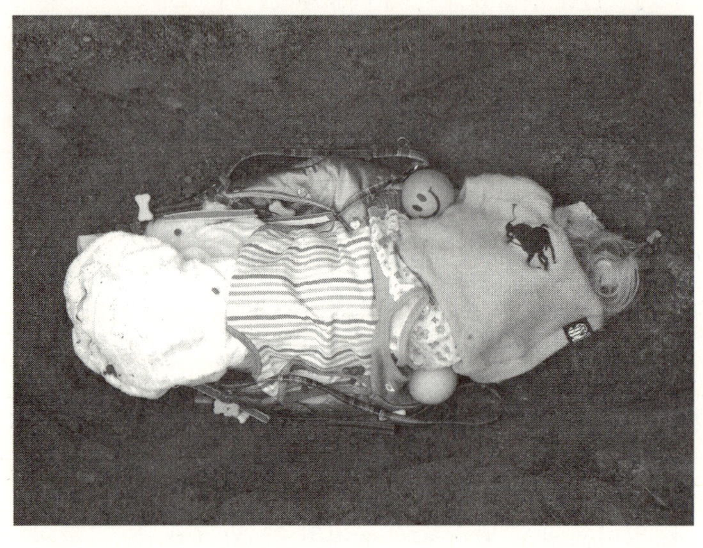

*

혼자 남은 망치는 아파트 베란다에 나가서 멍하니 밖을 내다보았다. 태어나서부터 같이 살았던 뭉치가 갑자기 사라진 심리적 공백을 어찌할 수 없는 것 같았다. 때로는 이 방, 저 방을 기웃거리며 뭉치를 찾는 모습이었다. 그러나 여러 사람의 사랑을 혼자 받으면서 뭉치를 찾는 일을 그만두었다. 두 녀석과 살 때보다 더 알뜰하게 보살폈다.

서울에서 살고 있는 지은이의 아들과 딸도 망치를 만나는 재미로 외갓집에 자주 왔다. 밥을 주는 재미, 간식을 주는 재미, 안고 다니며 뽀뽀를 하는 맛에 아이들은 '엄마, 대전 망치 만나러 가자.'고 보채었고, 지은이 역시 망치가 그리워 자주 왔다.

*

12살이 넘으면서 망치의 힘이 빠졌다. 아이들과 함께 밖에 나가도 지쳐서 주저앉거나 누울 때가 많았다. 어떨 때는 며칠씩 밥을 굶기도 하고, 간식을 주어야 조금씩 입에 대었다.

동물 병원에 입원을 시켰다. 못 먹어 영양실조라면서 영양제를 주사하였다. 며칠 활발한 것 같았는데, 금세 걷는 것도 힘에 부친 모습이었다. 다시 영양제를 주사하였다. 3일이 지나자 몸을 가누지 못하였다. 아예 입원을 시켰다. 이틀이 지났을 때 전화벨이 울렸다. 동물병원에서 빨리 오기를 청하였다. 불길한 마음으로 도착하였다. 가쁜 숨을 쉬던 망치의 몸이 갑자기 풀어졌다. 수의사가 내 얼굴을 멀거니 쳐다보더니 입을 열었다.

"저희가 처리해 드릴까요?"

"어떻게 하시는데요?"

"검정 비닐봉지에 넣어 쓰레기와 함께 버려드립니다. 그것이 편하시지 않겠어요?"

"아니요. 이 녀석 친 자매가 묻혀 있는 밭이 있습니다. 대청호가 내려다보이는 그 곳에 이 녀석을 묻어 주겠습니다. 자매가 한 곳에서 만나 그 동안 못 다한 이야기를 나누어야지요."

늘어진 망치를 가방에 넣어 1층으로 내려왔다. 전화로 아내에게 망치의 죽음을 알렸다. 입원비와 치료비를 계산하고, 비통한 마음으로 아내와 함께 뭉치가 묻혀 있는 밭으로 갔다.

삽으로 주위를 파 내려갔다. 뭉치의 겨울옷이 나타났다. 그 곁에 망치의 겨울옷을 깔고 뭉치처럼 망치를 눕혔다. 밥그릇, 물 그릇, 여름옷과 가을옷을 덮은 다음 겨울옷을 여몄다. 자매가 나란히 누웠다. 다시 봉분을 만들었다. 조금 커진 봉분을 보며, 가슴이 먹먹하여 숨을 쉬기가 어려웠다. 숨을 고른 다음, 아내의 손을 잡고 밭을 나섰다. 눈물을 흘릴 뿐, 아내와 나는 아무 말도 하지 않았다.

노스님의 굽은 등

천강은 21세기의 원년 가을에 내장산 백양사를 찾았다. 오랜만의 나들이에 가슴 설레어, 안개 짙은 새벽에 혼자 나섰다. 비자 숲길을 지나, 자태 고운 소나무를 눈길로 어루만지며 백양사에 들어섰다. 대웅전에서는 노스님 한 분이 걸레질로 세상의 오욕을 씻어내고 있었다. 부처님의 그윽한 눈과 고요로운 입가에서보다도 그 스님의 굽은 등에서 더 경건함을 느꼈다. 그 스님을 향하여 "나무아미타불!" 천강은 자신도 몰래 손을 모았다.

대웅전 바닥을 닦는 노스님
굽은 등, 시린 세월에 손을 모으는데,
비자나무 숲을 휘감은 안개 속에서
닭 울음소리가 여명을 흔든다.

추억은 극락교 향내로 번지고
속세의 업장 또한 되새김처럼 살아나서
부처님 말씀을 깨우쳤다는
하얀 양, 선한 눈매를 그려 본다.

잠시 왔다가, 빈 가슴으로 가듯이
북나무 손가락이 선홍빛으로 탄다.

—「백양사 가을 새벽」 전문

백양사를 나서는 길이었다. 극락교를 건너며 형언할 수 없는 향내를 몸으로 느꼈다. 오욕칠정이 몸에서 빠져나가는 듯한 가뿐함을 느꼈다. 그러나 아직은 남아 있는 욕망의 실낱이 머리 속에서 도망 다니다가 잡혔다. 여명이 걷힌 산기슭, 잎을 떨군 감나무에서 홍시가 스스로 익어가고 있었다. 그 사이 북나무 새빨간 잎이 가을을 먼저 앓고 있었다. 아름답고 사랑스럽게 타는 북나무, 타는 잎들을 보면서 "관세음보살!" 세상의 번뇌를 모두 태우고 돌아섰다.

* 북나무 : 붉나무라고도 하는데, 옻나무와 비슷하고, 가을에 붉은 단풍색이 특별히 짙음.

매실 밭 직박구리

"지추지추 꾸악! 지추지추 꾸악!"

자한(自翰) 씨를 반기는 것은 직박구리다. 밭에 들어설 때부터 직박구리가 "반가워요, 지추지추 꾸악!" 소리를 지르기 시작하여, 깊숙이 들어가면 아주 가까이 다가오며 호들갑을 떨었다. "어서 와요, 지추 꾸악! 지추 지추 꾸악!" 소리를 높였다.

'이 녀석들이 둥지를 지키려고 애를 쓰는구나.'

미소를 머금으며, 자한씨는 타원형의 철사 고리를 묶은 3m짜리 알루미늄 장대를 들고 매실나무 밭에 들어섰다. 그럴수록 직박구리 두 마리가 양쪽에서 날개를 퍼덕이며 소리를 질렀다. 그 소리에 귀가 따가웠다. 새가 소리를 지르거나 말거나, 자한 씨는 아무런 관심도 없는 것처럼 매실나무 아래로 들어섰다. 3주 전에 해산(解産)한 매실나무는 가벼운 몸짓으로 바람에 흔들렸다.

*

매실은 5월 말에서 6월 초에 수확하였다. 주의를 기울여 수확하지만, 잎과 열매가 같은 색이어서 나무마다 '까치밥'이 여러 개 남아 있었다. 매실을 따고 3주쯤 지나면 열매의 색이 차차 노랗게 변하다가, 4주쯤 지나면 주황색으로 익어 떨어지게 된다. 그 직전에 다 못 딴 열매를 '이삭줍기' 해야 한다. 6월 말이 되어, 나무 아래에서 위쪽으로 바라보면 푸른 잎 사이에 보색(補色)을 띠고 있어 매실이 잘 보인다. 그러나 그때까지 푸른색을 띤 열매도 있어 고도의 집중력이 필요하다.

6월의 넷째 토요일, 자한 씨가 매실 '이삭줍기'에 나선 길이었다. 왼손에는 바구니를 들고, 오른손에는 가벼운 알루미늄 장대를 들고, 매실나무를 집중하여 살폈다. 첫 번째 나무부터 빙글 돌아가면서, 낮은 가지에 숨겨져 있던 매실은 손으로 따고, 손이 닿지 않는 곳의 매실은 장대의 끝에 있는 고리로 잡아당겨 땄다. 이렇게 나무를 옮겨가며 매실을 따다 보니, 직박구리가 둥지를 튼 나무에 이르렀다.

몇 개 '까치밥'을 따고 보니, 둥지 옆에 서너 개 토실한 매실이 보였다. 둥지가 조용하기 때문에 묵은 둥지로 생각하고, 장대로 매실 하나를 땄다. 그런데, 갑자기 "꾸악!" 소리를 치면서 새끼 한 마리가 뛰어 내렸다. 날개의 깃은 자랐지만, 몸통의 솜털이 제대로 자라지 못한 생태였다. 펄럭이며 날아가려고 하지만, 5m도 날지 못하고 땅에 떨어졌다. 두 번째 새끼도 뛰어 내렸다. 세 번째 새끼도 뛰어 내렸다. 어미 새 두 마리는 애간장이 타서 "꾸우액! 꾸우액!" 자한 씨 머리 위를 날며 소리를 쳤다.

"아이구, 미안하다! 너희가 있는 줄 몰랐다."

자한 씨는 바구니와 장대를 들고 옆의 나무를 지나쳐, 그 다음 나무로 자리를 옮겼다. 새끼 한 마리는 나무 밑에서 버둥거리며 눈을 동그렇게 뜨고 두리번거렸다. 한 마리는 풀숲에 엎드려 가만히 숨을 고르고 있었다. 다른 한 마리는 가장 힘이 약한지, 멀리 날지도 못하고, 둥지 바로 아래로 떨어져 숨을 헐떡이고 있었다. 어미 새들은 그 나무 주위를 날며 더욱 세차게 울어댔다.

*

직박구리는 4월 말부터 자한 씨네 매실 밭을 전세 내어 살았다. 매실나무 사이를 날아다니다가 큰길 가로수 벚나무 사이에서 술래잡기를 하였다. 매실 밭을 오가며 친구를 부르다가, 호수 곁의 버드나무로 옮겨 요란하게 노래를 하였다. 봄볕을 즐기며 신나게 놀았다.

5월 초부터 집을 짓기 시작하였다. 몇 년 전부터는 매실나무에 둥지를 틀었다. 매실나무는 위로 솟은 여러 개의 가지가 모여 있기 때문에, 그 가운데에 집을 짓기에 안성맞춤이다. 나뭇가지와 가느다란 뿌리를 물고 와서 얼기설기 기초 공사를 하였다. 마른 풀잎이나 줄기로 둥근 형태를 만들었다. 부드러운 풀이나 깃털을 날라 둥지 안을 꾸몄다. 부부가 힘을 모아 집을 짓는데, 그렇게 시끄럽던 새들도 집을 지을 때는 침묵을 지켰다.

'둥지가 천적들에게 들킬까 봐 그러는구나!'

자한 씨가 둥지 쪽으로 가까이 가면, 한 마리는 두세 그루 떨어진 매실나무에서 날개를 퍼덕이며 애절하게 노래했다. 그럴 때는 둥지에 알이 있을 터이고, 그 알을 품고 있는 짝을 보호하기 위해 시선을 자기에게 돌리려는 뜻이 숨어 있다. 둥지와 떨어진 곳으로 가면 훌쩍 날아 벚나무에서 주위를 살폈다. 그렇지만, 둥지 쪽으로 발길을 돌리면, 바로 옆까지 날아와서 자기를 잡아보라고 유혹하였다. 직박구리에게는 생명을 건 모험일 터이매, 짝과 새끼들을 보호하려는 모습이 눈물겨웠다.

*

그 뒤로 몇 날 동안은 둥지 쪽으로 갈 수가 없었다. 놀란 새끼들에게 미안하였고, 울부짖는 어미새의 모성(母性)에 가슴이 먹먹하였다.

새끼들은 높은 둥지까지 올라가지 못하였다. 둥지를 튼 그 나무의 낮은 가지에 나란히 앉아 어미가 물어다 주는 먹이를 받아먹었다. 어떻게 올랐을까? 궁금하였지만, 때로 자연은 위대한 힘을 보이기 때문에 허투루 상상하지 않았다. 그렇게 새끼들이 자라는 모습을 보면서, 자한 씨는 조금 덜 미안하였다.

그들이 더 자라서 날아가면, 둥지가 있는 그 나무의 주황색 매실을 딸 수도 있겠지만, 직박구리 새끼들에게 미안한 마음을 좀 더 간직하기 위하여, 매실 열매 세 개는 정말 '까치밥'으로 남겨둘 요량이었다.

* 까치밥 : 늦가을에 감을 수확할 때, 다 따지 않고 까치 따위의 새들이 먹을 수 있도록 남겨 두는 감. 다 수확하지 못하고 남긴 매실도 같은 의미로 보았음.

* 이삭줍기 : 농작물을 거두고 난 뒤, 논밭에 떨어져 있는 이삭을 줍는 일. 과일을 수확한 뒤 남아 있는 과일을 거두는 일도 같은 이치로 보았음.

놔둬라!

아들만 넷을 둔 문 권사 문간방에는 어린 것들 넷을 둔 젊은 과부가 세 들어 살았습니다. 젊은 과부는 부업으로 가짜 꿀 장사를 하였는데, 박스공장에서 일하고 들어오면, 가마솥에 꿀 두어 병, 설탕 몇 봉지, 물을 넣고 주걱으로 휘휘 저었습니다. 밤늦도록 젓다가 피곤해서 조는 모습이 안쓰러워, 매번 문 권사가 대신 저었습니다.

그 모습을 보고, 막내아들이 가끔 농으로 퉁을 놓았습니다.

"어머니는 권사님이 돼 가지고, 가짜 꿀을 만들어요?"

"그럼 어떻게 하냐. 저 어린 것들 먹여 살려야지."

함께 살고 있는 막내아들이 뭐라고 하거나 말거나, 문 권사는 늘 젊은 과부를 감쌌습니다. 자기 손주들처럼 어린 것들을 돌보느라 여념이 없었습니다. 정말 친할머니 같았습니다. 젊은 과부는 박스 공장에서 받는 쥐꼬리만한 월급에 가짜 꿀 장사도 시원치 않아 아이들 등록금이 나올 때마다 문 권사를 찾아와 돈을 빌렸습니다.

"미안해서 어떻게 해요? 권사님!"

"괜찮다. 어린 것들 공부는 시켜야지. 이자나 꼬박꼬박 잘 챙기거라."

*

어느 날 90이 넘은 문 권사가 쓰러졌습니다. 막내아들이 병원에 모시고 갔습니다. 의사는 문 권사가 만성 당뇨에 심부전까지 겹쳐, 더 이상 가망이 없으니 집에 모시고 가서 보내드릴 준비를 하라고 합니다. 막내아들은 울면서 어머니를 집으로 모셨습니다. 형제들에게 연락을 취했습니다.

박스 공장에서 돌아온 젊은 과부가 여느 때처럼 가짜 꿀을 만들다 그 소식을 듣고, 안방으로 들어와 문 권사를 붙들고 통곡하였습니다.

"권사님, 그 동안 주신 사랑, 받은 은혜 너무 감사합니다. 권사님은 우리 친정어머니보다 더 진짜 내 어머니셨어요. 그 동안 꾸어 간 빚도 다 못 갚았는데…. 이렇게 편찮으셔서 어떻게 해요. 흐흐흑!"

살 섞인 가족보다 더 애절한 젊은 과부의 어깨에 슬픔이 출렁였습니다. 젊은 과부가 나간 뒤, 막내아들이 문 권사에게 물었습니다.

"어머니, 문간방 여자에게 빌려준 돈이 얼마예요? 액수나 알아야 나중에라도 받지요."

그러자 문 권사가 눈을 똑바로 뜨며 마른 입을 열었습니다.

"놔둬라! 어린 새끼들하고 살기도 힘든데. 너희들까지 힘들게 하지 마라."

*

문 권사가 먼 길을 떠나는 날 아침이었습니다. 문 권사는 막내아들을 시켜 젊은 과부를 불렀습니다. 그가 들어오자, 통장 둘을 손에 쥐어주며 말합니다.

"이거는 그동안 너한테 받은 이자를 모은 돈이고, 이거는 내가 너 주려고 따로 모은 돈이다. 힘내서 애들 잘 키워라. 그리고 너 오늘부터, 내 딸 하면 안 되겠나?"

그러자 젊은 과부가 문 권사의 손을 잡으며 울음을 터뜨립니다.

"네, 권사님…. 어머니! 엉엉…!"

양딸의 손을 잡은 문 권사가 아들에게 마지막 말을 건넵니다.

“얘야, 내가 가더라도, 이 사람 잘 부탁한다.”

아들이 무릎을 꿇고 대답하였습니다.

“예, 어머니, 걱정 마세요.”

문 권사는 젊은 과부를 바라보다, 막내아들을 바라보며 미소를 짓습니다, 또 빙 둘러선 교우들을 바라보면서 미소를 짓습니다. 밖은 얼어붙을 듯 추운 겨울이지만, 방안에는 따뜻한 눈물이 서로의 가슴을 적셨습니다.

“하늘 가는 밝은 길이 내 앞에 있으니….”

가족과 교우들의 찬송을 들으며 문 권사가 자는 듯 눈을 감았습니다.

목사의 남자

1.

호들갑스럽게 들어오던 천강 여사가 문턱에 발을 부딪쳐 펄펄 뛴다. 아픈 발을 들고 한쪽발로 동동거리며 들어와서 털썩 주저앉는다. 얼마나 급한 일인지, 아픈 것도 잊은 채, 침을 꼴깍거리며 입부터 연다.

"무애야, 세상이 망하기는 망하려나봐!"

큰 눈을 더욱 크게 뜨고, 무엇부터 말해야 할지 몰라서 허둥대는 모습이 급하기는 급한 모양이다. 급하면 급할수록 말의 두서를 잡지 못하는 천강 여사는 연신 침을 삼키며 호흡을 가다듬는다.

"무엇이 그리 급해. 알아듣게 차근차근 얘기해야지."

무애 여사가 진정을 시키자 말문이 터진다.

"아, 글쎄 무애야. 고등학교 교장이…."

말을 하다 말고 일어서서 냉장고로 달려간다. 냉장고 문을 열고 물 주전자를 꺼내 입에 대고 마신다. 컵에 따라 먹을 시간도 아까운지 꼭지에 입을 대고 벌컥벌컥 마신다. 달려오느라 어지간히 목이 마른 모양이다.

"그래, 교장 선생님이 뭐라고?"

"확실한 것은 아니지만, 충남에 있는 고등학교라고 했어."

"그런데, 그 학교가 어때서?"

"우리 남편이 그러는데…."

천강 여사의 남편은 교육청 장학관이어서 교육계의 일을 소상하게 알고 있는 분이다. 그렇지만 입이 무거운 분이어서 천강 여사는 짐작만 할 뿐이지, 어떤 일의 자초지종을 확실하게 알지는 못한다. 남편이 전화로 주고받는 말을 모아 재구성한 뒤에 무애 여사에게 달려와서 소식을 전하는 것이 생활의 즐거움이다.

"혹시, 아이들이 크게 다쳤어?"

"그게 아니고…."

"그게 아니면?"

"아니, 그렇기도 하지."

"그렇기도 하다니?"

"참, 말하기가 그러네."

"다친 것이 아니라면서, 또 다친 것이라니, 그게 말이 되나? 에구 이 천강 여사야!"

"그러니께."

"그러니까?"

"에이, 속 시원히 말해야겠다."

"무슨 말인지 모르지만, 지금, 그 말을 하러 뛰어온 거 아니었어?"

"그래, 그래. 확실한 이야긴데, 고등학교 교장이 학생을 폭행했대."

"교장 선생님이? 가끔 있는 일 아니야?"

"그게 아니래두. 교장이 남학생을 성폭행했다구. 그냥 폭행이 아니구. 성폭행! 그것도 남자 교장이 남학생을!"

순간 무애 여사의 낯빛이 흐려진다. 가끔 천강 여사의 말을 들을 때마다 크게 실망할 때가 많다. 그렇지만 실망하면서도 희망을 잃지 않고 기도를 하며 사는 무애 여사기에, 세상이 다 썩어도 교육계는 건강하기를 바라는 마음이다. 경찰이 윤락업소 뒤를 봐주고 돈을 받았다는 기사를 보아도, 대통령이 기업인으로부터 상상할 수도 없는 돈을 받았다고 해도 놀라지 않는데, 교육계나 종교계에서 일어나는 일이면, 작은 일도 무애 여사의 마음에 상처를 남긴다. 초등학교 교사로 근무하면서, 자기 반 아이들을 자식보다 더 사랑하다가 저 세상으로 떠난 남편이 떠오르기 때문이기도 하다. 간신히 기운을 차린 무애 여사가 천강 여사를 바라보며 입을 뗀다.

"그게 정말이야?"

"정말인가 봐. 너무 엄청난 일이라서, 교육청에서도 쉬쉬 감추나봐. 교육적 차원에서 신문과 방송에 나가지 못하게 막는 것 같아. 징계를 하면 시끄러워질 테니까, 자진 사표를 내는 것으로 마무리를 하나봐. 우리 그이는 며칠이나 밤늦게 들어오고, 가끔 출장도 가고, 집에 와서는 전화통을 붙잡고 살아. 정말 세상은 말세인가 봐. 남자 선생이 여학생과 놀아나는 일은 들어보았지만, 남자 교장이 남자 고등학생을 성폭행했다는 말은 처음 듣거든. 그러니, 세상은 말세가 아니겠어?"

긴 말을 속사포처럼 쏟아놓은 천강 여사는 다시 주전자를 든다. 마음이 안정되었는지 컵에 따라 마신다. 그 말을 듣고 무애 여사의 표정이 더욱 침울해 보인다. 꽃나무 가지를 다듬고 있던 화분을 내려놓고 자세를 고쳐 앉아 천강 여사를 바라본다.

"천강아, 장학관님께서 교육계를 위해 묻어두기로 했다고 말씀하셨댔지?"

"응, 그런 이야기를 하더라구."

"그러면, 이런 말을 하면서 돌아다니지 말아야지."

"지금 처음 발설한 거야. 정말이야."

"그러면, 지금부터는 아무에게도 말을 하지 않는 게 좋겠다. 장학관님의 마음을 생각해서라도 그렇게 하는 게 좋을 것 같아."

"나도 그래. 우리만 알고 그만 두자. 사실 어디 가서 창피해서 말도 못하겠다. 이 소문이 나면 교육계 사람들 모두 얼마나 부끄럽겠어! 으이고, 미꾸라지 한 마리가 연못을 흐린다더니. 이 사람은 미꾸라지가 아니라, 뿔 달린 독사인 거지. 독사 한 마리가 속을 썩여, 속을!"

천강 여사는 분이 삭여지지 않는지 씩씩거리며 입을 놀린다. 한 귀로 듣고, 또 한 귀로 흘려 보지만, 무애 여사의 얼굴은 핏기 하나 없다. 마음이 무거워진 무애 여사가 라디오의 볼륨을 높인다.

창 밖에는 4월의 하늘이 마냥 푸르다.

2.

천강 여사가 조신하게 들어온다. 무애 여사의 집은 교회와 천강 여사의 집 중간이다. 천강 여사는 교회에 가는 길이거나, 혹은 교회에서 집으로 가는 길에 불쑥불쑥 들러 수

다를 떠는 게 습관이고 재미다. 오늘은 교회에서 집으로 가는 길에 들른 모양이다. 그렇지만 명랑하고 부산하던 그녀의 평소 모습이 아니고, 완전히 풀이 죽은 모습이다.

"아니, 천강님께서 오늘은 어쩐 일이신가. 오늘은 새댁이 시아버지에게 처음 인사하러 가는 모습이네. 무슨 일이 있어?"

"으응, 무애야 어떻게 하니? 어헝!"

갑자기 무애 여사의 어깨를 잡고 울음보를 터뜨린다. 한번 터지기 시작한 울음은 그칠 줄을 모른다. 깜짝 놀라 손을 붙잡고 있던 무애 여사가 티슈로 눈물을 닦아준다. 잠시 조용한 시간이 흐른다. 흐느낌이 줄어들면서 천강 여사는 손거울을 들고 얼굴을 고친다.

"무애야, 어떻게 하면 좋니?"

"왜? 집안에 무슨 일이 있어?"

"그게 아니고."

"그게 아니면? 뭐가 그리 큰 문제인데?"

무애 여사는 급할수록 평정심을 찾는 특성이 있다. 남편을 저 세상으로 보낼 때 세상의 슬픔과 북받치는 감정을 다 쏟아 버렸는지, 아이들을 기르며 세상을 살아내느라고 내성이 생겼는지, 남들이 허둥지둥할 때 더욱 차분하게 안정된다. 깜짝 놀랄 만큼 큰 일이 벌어져도 평상심을 잃지 않는다. 그래서 아는 사람들은 감정이 상할 때마다 무애 여사를 찾는다. 오늘도 무애 여사는 천강 여사의 손을 잡은 채 묵주를 매만지며 떨리는 마음을 다잡는다.

"천강아, 무슨 일이 있어?"

"응, 내 가슴이 아파."

"가슴이 왜 아파? 다쳤어?"

"아니, 그냥 아파."

"속이 아파? 겉이 아파? 차분하게 말해봐!"

"지난번에 어떤 충남 연기군에 있는 고등학교 교장이 남학생을 성폭행했다고 했잖아?"

"그랬지. 앞으로 이야기를 꺼내지 않기로 우리 둘이 약속한 일이잖아."

"그런데, 그 교장이 목사래! 교회 목사래, 글쎄!"

"그래?"

"오늘 우리 교회에서 목사님의 설교를 듣는데, 우리 훌륭한 목사님 얼굴에 자꾸 그 사람 얼굴이 겹쳐 보여서 혼났어. 깨끗한 우리 목사님 얼굴에, 눈빛이 요상하게 흐르고 두꺼운 얼굴에 개기름이 줄줄 흐르는 얼굴이 오버랩 되잖아 글쎄. 우리 훌륭한 목사님 얼굴에 그 사람 얼굴이 겹쳐져서 설교 듣는 내내, 정말 죽는 줄 알았다구. 정말 미치겠어!"

무애 여사는 뒷머리를 얻어맞은 것처럼 멍해지면서 소파에 주저앉는다. 그리고 헛소리처럼 중얼거린다. 무슨 말을 하는지도 모른 채, 눈빛마저 사라진 채, 같은 말을 되풀이 한다.

"아, 교장 선생님이 남학생을! 아, 목사님이 남학생을!"

"무애야, 괜찮아?"

"아, 목사님이, 남학생을 성폭행하였다구?"

"무애야! 괜찮아?"

"아, 남학생을 성폭행하였다구?"

"무애야! 괜찮아?"

"그 학생은 어떻게 하라고!"

"무애야! 괜찮아?"

"그 학생의 부모님은 어떻게 하라고!"

"무애야! 괜찮아?"

"어떻게 해. 교장 선생님이 그렇게 했다고?"

"무애야! 괜찮아?"

"그 사람은 교장이 아니지. 선생도 아니지."

"무애야! 괜찮아?"

"목사님이 그렇게 했다고?"

"무애야! 괜찮아?"

"그 사람은 목사가 아니지! 그것은 사탄이지!

"무애야! 괜찮아?"

"뱀이지, 뱀! 아니, 독사!"

천강 여사는 어쩔 줄을 모른다. 오랜 친구지만, 무애가 이처럼 절절거리는 모습을 보이는 것은 처음이다. 무애 여사는 심성이 고울 뿐만 아니라, 그 고운 심성이 그대로 행동으로 드러나는 사람이다. 그래서 천강 여사는 물론, 주위 분들이 부처님 말씀은 못 믿어도 무애 여사의 말은 믿는다고 말한다. 무애 여사는 집에 도둑이 들어도, '도둑님, 무엇을 찾으러 오셨나요?'라면서 높임말로 맞아들일 거라고 친구들이 놀린다. 아들과 딸의 동급생에게도 반 높임말을 써야 마음이 놓이는 성격이다. 천강 여사는 무애 여사의 손을 잡고 조용히 생각해 본다.

'우리 무애가 이렇게 분통을 터뜨릴 정도면, 이렇게 혼절하여 욕할 정도면, 그 사람은 사탄보다도 더 나쁜 사람이구나. 독사보다 더 나쁜 사람이구나.'

아주 나쁜 사람 이야기를 친구에게 두 번씩이나 전한 것을 미안해하며 천강 여사는 무애 여사의 집을 나선다.

4월의 푸른 바람이 신록의 잎사귀를 흔들고 있다.

3.

"언니, 다녀왔습니다."

신문사에 다니는 시누이가 들어선다. 아직은 병아리 기자다.

"어서 오세요. 아가씨!"

무애 여사는 기다렸다는 듯이 마당으로 나선다.

"아가씨, 저 좀 보실래요?"

대청으로 들어온 두 사람이 마주보며 앉는다.

"아가씨, 지난번에 어떤 예술계 대표를 맡았던 분이 제자를 성폭행하여 문제가 되었다고 말한 적이 있지요? 그게 사실이라고 해도, 그런 이야기는 입에 담아서도 안 되고, 들어서도 안 되는 것이라고, 제가 말했던 일이 있지요? 그래서 신문 기사로는 쓰지 않는 게 좋겠다고 말한 적이 있지요?"

"네, 신문에 내지 않았는데요."

"신문에 대서특필을 해서 예술계는 물론, 세상에서 다시는 얼굴을 내놓지 못하게 하겠다고 방방 뛰시더니, 어쩐 일이세요?"

"기사를 써서 올렸더니, 데스크에서 빼버렸어요. 그 사람이 주필을 만나고, 편집국장을 만나고, 이미 손을 다 썼더라고요. 이 신문사, 저 신문사를 그렇게 찾아 다녔을 거예요. 높은 사람들하고 술을 먹거나, 봉투를 건넸겠지요. 그렇게 하면, 우리 일선 기자로는 되는 게 아무 것도 없어요.

회사 재정이 열악하다 보니까, 광고를 하는 기업가는 상전으로 모셔야 되고, 촌지를 자주 건네는 사람의 부정적인 기사는 쓴 사람도 모르게 사라질 때가 있어요. 저도 높은 분한테 저녁 한 끼 얻어먹고 좋 봤어요."

"그 분 직업이 뭐예요?"

"왜 그러세요? 혹시 아는 사람이세요?"

"알기는요. 그냥 궁금한 게 있어서요."

"그 사람, 고등학교 교장인데요. 외국에서 신학대학을 나온 목사이기도 하고요."

"아, 그래요?"

"그런 사람이 교장이었으니, 그 학교에는 애초부터 공부와 담 쌓은 애들이 다니지요. 그런 사립학교가 잘 되면 이상하지 않겠어요? 그런 사람이 목사니, 모르면 몰라도, 신도들 역시 그렇지 않겠어요?"

"아니지요. 목사님이 그렇다고 해도, 신도들은 깨끗할 수 있지요."

"그런데, 더 가관인 거 있지요. 그 사람, 후회할 줄도 모르는가 봐요. 세상이 동전 만하게 보이나 봐요. 그 사람, 요즘도 얼굴을 희희낙락하면서 시장을 만나느니, 구청장을 만나느니, 씽씽하게 돌아다니는 것을 보면, 참 재미있는 세상이지요."

"아, 그래요?"

"한 마디로 인간말짜지요. 그건 그렇고, 언니, 저 들어갈게요."

혼자 남은 무애 여사의 얼굴이 갑자기 창백해진다. 뜨거운 눈물이 주룩 흘러내린다.

'학교 선생님이 그러시다니, 남학생을 성폭행하다니. 교장 선생님이 그러시다니, 제자를 성폭행하시다니. 목사님이 그러시다니, 어린 양에게 그런 몹쓸 짓을 하다니.'

아직은 착한 사람이 많아서 희망이 있다고 말하던 입이 부끄러워진다. 나쁜 사람들도 따뜻하게 대해주면 언젠가는 좋은 사람이 될 것이라고 생각한 것이 부끄럽다. 나쁜 사람보다는 착한 사람들이 많아서 세상은 살 만하다고 말하던 자신이 부끄러워진다. 나쁜 사람도 용서하면 착한 사람이 될 것이라고 생각한 것이 부끄럽다. 갑자기 세상이 어두워진다.

'무애야, 세상이 망하기는 망하려나봐!'

천강 여사가 걱정하던 말이 떠오른다.

'이번, 딱 한 번뿐이었을까?'

묵주 한 알을 돌린다.

'이번, 딱 한 번뿐이었을까?'

묵주 한 알을 또 넘긴다.

'이번, 딱 한 번뿐이었을까?'

묵주 한 알을 무심히 넘긴다.

'이번, 딱 한 번뿐이었을까?'

묵주 한 알을 넘기며 벽의 십자가를 본다.

'이번, 딱 한 번뿐이었을까?'

눈물범벅을 이룬 채, 무애 여사는 빙빙 도는 머리를 들고 밖을 본다.

4월의 석양이 빨갛다.

징검다리

수원지를 곁에 두고 식장산을 오르면 작은 개울이 나타납니다. 건너는 곳에는 대부분 다리를 놓았거나, 큰 돌로 징검다리를 만들어서 언제나 고마운 마음으로 건너다닙니다. 고마운 마음이 들면, 속삭이는 개울소리도 아름다운 노래가 됩니다. 거기에 산새가 화음이라도 맞추면 그야말로 별천지가 되지요.

이러한 행복감으로 계속 올랐습니다. 구절사로 가기 위해서는 급하게 오르는 길과 부드럽게 오르는 길이 있습니다. 자연을 감상하면서 오르다 보면 좀 너르지만 얕은 개울을 건너야 합니다. 큰 돌로 징검다리를 만들어서 누구나 쉽게 건널 수 있습니다. 그런데, 어르신 한 분이 바지를 걷어

올리고 징검돌 아래에 작은 돌을 고이고 계셨습니다. 밟고 지나면서, 약간 흔들린다고 생각을 했었는데, 어르신이 쐐깃돌을 고이시는 것입니다.

"더우실 터인데 수고하십니다."

"산을 타시우?"

"힘드시지 않으세요?."

"뭘. 우리 애들도 자주 오르는 산인데. 혹시 넘어져 다칠까봐 그러지."

빙그레 웃으십니다. 어르신께서는 아무 것도 아닌 것처럼 말씀을 하시지만, 그것이 겸양의 말씀이라는 것을 잘 알고 있습니다. 훌륭한 일을 하면서도, 그 일이 칭찬을 받기 위한 것이 아니라, 많은 사람들을 배려하기 위한 아름다운 모습임을 잘 알고 있습니다.

*

인사를 나누고 보니, 그 분이 바로 이웃 마을에 사는 전태익 시인이었습니다.

과막(果幕) 안에 뜬 달

바람이 일어 초가을 저녁 길은 스산하기까지 했다. 비가 오려는지 하늘은 구름으로 채워졌고, 무덤이 군데군데 늘어있는 고갯길은 돌 구르는 소리에도 솜털이 일어서곤 했다.

늘 다니는 길이지만, 용못을 지나치려면 이무기가 큰 입을 벌리고 달려들 듯한 기분이 오싹 들었다. 가끔가다 산에서 굴러 떨어지는 모래나 자갈이 있었다. 사람들은 살쾡이가 장난치는 것이라고 했다. 때로는 우우우 짐승이 우는 소리도 들렸는데, 여우나 늑대로 알고 있었다.

어둔 길을, 조심조심 손에 땀을 쥐며 걸었다. 산기슭을 돌아 둑길에 이르렀을 때에서야 가슴을 쓸며, 안도의 한숨을 내쉬었다. 둑길을 1㎞쯤 지나면 과수원이 나타났고, 과막(果幕)에서는 불빛이 어른거렸다. 마을 어귀의 그 과막이 그때처럼 반갑고 고마울 수가 있었을까.

때마침 후드둑후드둑 빗방울이 쏟아지기 시작했다. 집까지는 아직도 시오리길, 그도 모르게 과수원길로 접어들었고, 뛰다시피 과막 밑으로 들어섰다. 다른 때 같으면 "어흠흠흠" 헛기침을 하며 사람을 경계했을 서 노인의 기침소리가 들리지 않았다. 머리 위에서는 조그맣게 틀어놓은 라디오 소리만 들렸다.

'아무도 없나?'

밖에 나서서 살펴보려 했지만, 비바람을 피하려 과막의 날개를 다 내린 뒤라 도리가 없었다. 한참을 두리번거리다가 과막 밑으로 다시 들어가려 할 때였다.

"누구세요?"

약간 겁먹은 듯한 여자목소리였다.

"비가 와서 잠깐 들렀습니다. 비 좀 피하다가 가겠습니다."

대답하며 과막 밑으로 들어섰다. 바람은 윙윙 울어댔고, 사과나무가지를 스치는 빗소리는 그칠 줄을 몰랐다. 젖은 옷이 몸에 달라붙어 온몸으로 추위를 느꼈다.

한참동안 기다리는데 라디오소리가 끊어졌다. 그리고는 막의 문 쪽으로 움직이는 소리가 이어졌다. 문을 조금 들어 올리는가 싶더니 고운 목소리가 들렸다.

"누구세요?"

"아, 저요? 대문안(지명)에 사는 학생입니다. 학교에서 집으로 가는 길인데…."

'대문안'은 그가 자란 마을의 이름이다. 행정적으로는 대성리 2구인데, 살기 좋고 평화스런 동네라서 그런 이름이 붙여졌다. 그래서 그런지 이 마을에서는 온갖 외침과 내환에도 희생자가 없었다니, 마을 이름 값을 하는 터였다. 대대로 농사짓는 순박한 사람들의 보금자리인 셈이다.

"대문안 누구세요?"

이웃 마을이지만 이름만 대면 서로 아는 터였다. 집안의 대소사에 왕래하거나 서로 돕는 처지였다. 어른들끼리는 한동네처럼 지냈다. 젊은이나 아이들도 같은 국민학교를 다녔으니, 모를 사람이 없었다. 더군다나 이곳 사람들은 우리 마을을 지나 국민학교에 다녔기 때문에 더욱 소상히 알았다.

"대문안에 사는 천강무애입니다."

"아, 구장님 댁요?"

"네, 그렇습니다."

"그러시면, 이 위로 올라오세요. 아버님께서는 이웃 마을 잔칫집에 가셔서 안 계시지만, 올라와서 비를 피하고 가세요."

망설여졌다. 어쩐지 쑥스러울 것만 같고, 편하지 못할 것 같았다. 그리고는 곰곰 생각해보았다. 첫째 딸일까? 둘째 딸일까? 전에 목소리를 들어보지 않아서 알 수가 없었다. 얼굴은 둘 다 알고 있었다. 아버지께서는 과수원 주인아저씨를 서 주사라고 불렀다. 어른들은 성씨 뒤에 주사라는 호칭을 항용 붙여서 불렀는데, 우리 집에도 가끔 오시던 분이다.

첫째 딸은 나보다 한 학년 아래였는데, 살결이 하얀 소녀였다. 하얗다 못해 창백할 정도였는데, 아이들은 튀기라며 놀려대던 일이 있었다. 짓궂은 아이들은 '야, 이 튀기야, 영어 이야기라도 좀 해 봐' 하면서 머리꽁지를 잡고 흔들기도 했다. 그래도 얌전하고 다소곳하던 소녀였다. 둘째 딸은, 한참 아래라서 뚜렷한 기억은 없지만, 언니와는 달리 옷을 아무렇게나 입고 다니며, 남자애들과 싸움도 잘 하는 것 같았다. 그가 보기로는 남자애들이 늘 도망 다니는 것 같았다.

"올라오세요, 아버님께서 금방 오실 거예요."

"아, 네."

대답을 하고서도 한참이나 머뭇거렸다. 바람은 더 세어지고, 빗줄기는 바람 따라 과막 밑에까지 흩뿌렸다.

"올라오세요, 비 맞잖아요!"

용기를 내어 사다리의 발판을 딛고 올랐다. 문을 들어주었다. 안으로 들어가자 바람의 힘에 의해 문이 거칠게 닫혔다. 막 안에는 호롱불이 천장에 대롱대롱 매달렸고, 구석에 이부자리가 개켜 있었으며, 사과함지가 한쪽에 있었다.

"춥지요? 가운데로 앉으세요."

"아, 네…."

그때서야 상대를 쳐다보았다. 얼굴이 하얗던 소녀, 첫째 딸이었다. 단정한 단발머리에 주홍색 스웨터를 입고 있었다. 희미한 불빛에서도 그녀의 얼굴은 은백색의 고운 살결이었고, 나만큼 수줍은 태도였다. 어렸을 때의 야위고 늘씬한 소녀모습 그대로였는데, 자세히 보니, 더 야위어 있었다.

"학교는 어떻게 하고…."

"휴학하고 쉬는 중이에요."

대답하며 내려뜨는 눈까풀에 작은 경련이 일었다. 파르라니 떨리는 눈까풀 때문인지 애련한 감정이 솟아올랐다. 그녀는 집안이 좀 넉넉한 편이라서 서울로 진학했고 친척집에 기거한다는 말을 풍문으로 들어 알고 있었다.

"휴학이라니, 어디가…."

"그냥, 몸이 좀 안 좋아요."

감정 때문인지 더욱 애잔해 보이는 그녀의 옆모습을 바라보며, 지난해 여름방학의 하루를 떠올렸다.

*

자전거를 타고 둑길을 지나 물고기를 잡으러 가는 길에 예의 과수원 옆을 지나쳤다. 사과나무와 배나무, 복숭아나무가 어우러져 한껏 푸르름을 토하는 과수원 과막에서는 웃음소리가 피어올랐다. "꺄르르 호호 깔깔" 밝은 웃음소리를 들으며, 공연히 신이 나서 자전거의 페달에 힘을 주었다. 금강 지류인 유구천에서 투망으로 잡은 물고기를 싣고 집으로 돌아올 때도 그곳을 지나쳤다. 좀 전에 듣던 웃음소리가 그때껏 귓가에 아련하여 잠간 멈춤과 동시에 맑은 노랫소리가 들렸다.

바닷가에 모래알처럼
수많은 사람 중에
만난 그 사람.
저 하늘 끝까지
단둘이 가자던
파란 꿈은 사라지고

바람이 불면
행여나 그 님인가?
살며시 돌아서면
쓸쓸한 파도소리.

당시 자주 불리던 「바닷가의 추억」이라는 유행가였다. 바닷가에서의 추억을 갖지도 못하였지만, 여름이면 흥얼흥얼 따라 부르던 노래였다. 따가운 햇볕 아래에서 한참이나 서서 듣다가 자전거를 올라탔다. 바람을 가르고 달리면서 나는 계속 그 노래를 불렀다. 집에 도착할 때까지 열 번은 부르지 않았던가 싶다. 노래 부르던 사람이 누구였는지 궁금하지 않았던 것이 지금 생각하니 이상스런 일이었다.

*

"사과 깎아 드릴까요?"

사과함지와 과도를 들며, 그녀가 상념의 맥을 끊었다. 조심조심 사과를 깎는 그녀의 손을 바라보며 '참 예쁘다.'는 생각을 했다. 언제던가 박물관에서 본 금동부처님의 손이 저렇게 가늘고 길었다. 그러나 그 손가락보다 훨씬 하얗고 고왔다. 부처님의 손은 약간 푸른빛을 띤 구리빛이었지 싶다. 과수원집 딸답게 한 번도 끊어지지 않게 껍질을 깎아내는 것을 보고 놀랐다. 그에게 건네주는 손길이 약간 떨리는 것을 보며 또 한 번 놀랐다.

씩 웃으며, 말없이 받아 한 입 떼어 냈다. 아, 이 상큼한 맛! 입안을 간지르는 과즙의 신선함을 음미하며, 그는 금세 다 먹었다.

"더 드릴까요?"

"아, 네."

단둘이 과막에서 할 일이라고는 사과 깎아 먹는 일 말고 또 무엇이 있으랴 싶어 깎아주는 대로 서너 개를 먹었다.

"더 드릴까요?"

"아니, 이제…."

처음 과막 밑에 도착했을 때는 존대어를 썼지만, 이제 어떻게 해야 할지를 몰랐다. 후배들에게는 존대어를 써본 적이 없었으니, 정말 난감한 입장이었다.

무료한 시간이 지났다. 밖에서는 비바람소리가 그치지 않았다. 과막의 날개가 바람에 흔들렸고, 번갯불이 번쩍일 때마다, 뒤 이어 천둥소리가 멀리서 들려왔다. 라디오를 켰다. 천둥 때문인지 라디오도 찌지직 잡음만을 냈다. 라디오를 껐다. 무거운 침묵이 과막 안을 지켰다.

그때였다.

"꽈~꽝!"

벼락 치는 소리가 근처에서 들렸다. 과막이 쓰러질 듯 흔들리는 것을 느낄 찰나,

"어머나!"

외치는 소리와 함께 그의 품에 그녀가 안겨 있었다. 부들부들 떨리는 손으로 그의 어깨를 움켜쥐고 물에 빠진 사람처럼 매달렸다. 그 역시 너무나 놀라 넋 빠진 사람처럼 그녀를 끼어 안았다. 번개가 계속 되었고 천둥 역시 계속되었다. 그렇게 한참이 지났고, 그녀는 무서움에 움직일 줄을 몰랐다.

얼마 후 천둥이 멎었을 때, 누가 먼저랄 것도 없이 둘은 떨어졌다. 서로가 민망하여 다른 쪽을 바라보며 앉아 있었다. 숨소리까지 들리는 고요가 한동안 계속되었다. 아직도 과막 밖에서는 바람이 쉬지 않았다. 그때 그녀의 목소리가 들렸다.

"저, 달이 참 밝지요?"

나는 어리둥절했다. 저리도 비바람이 불어치는데, 달이 어디에 있으며, 과막의 날개도 열지 않은 채 어찌 하늘의 달을 볼 수 있단 말인가? '아, 그렇구나. 민망함을 풀어내기 위하여 한다는 말이 그렇게 나왔구나. 앞뒤 상황을 살필 사이도 없이 그녀도 모르게 나온 말이구나.' 그래서 나도 말 장단을 맞추었다.

"그럼요, 오늘이 보름인데요."

말을 해놓고 나서 잘못됨을 알았을 그녀는 내가 말대답을 하자, 까르르 웃으며 나를 쳐다보았다. 좀 전의 겁 많던 모습이 아니라 무엇인가 재미있어 견딜 수 없는 장난기가 묻어 있었다.

"달이 어딨어요? 밖엔 비가 오는데. 피, 달이 어딨어요?"

당혹스러웠다. 도대체 어쩌자는 말인가. 넘어진 아이 일으켜주고 뺨맞는 격이었다. 애잔하도록 야위어 우수를 자아내던 얼굴은 익살과 재미로 가득했다. 그토록 환한 얼굴을 보니, 뺨인들 못 맞으랴 싶었다. 당황한 내 모습이 얼마나 재미있었는지, 웃고 웃다가 눈물마저 나오는 것이다. 나도 농담을 하고 싶었다.

"웃는 얼굴, 하얗고 예쁜 그 얼굴이 보름달인데. 보름달보다 천배 만배 더 아름다운데…."

"어머, 그래요? 피, 누가 속아요?"

"사실인데, 가만, 다시 살펴보고…."

그녀 가까이에서 얼굴을 살펴보는 척했다. 장난기가 가시지 않은 눈으로 자신의 얼굴을 살피는 나를 바라보았다. 눈동자를 옆으로, 위로, 옆으로, 아래로 나를 따라 돌렸다. 그런데, 이상했다. 장난기와 농담으로 한 말인데, 자세히 살펴볼수록 귀엽고, 예쁘고, 아름다워 숨이 막힐 지경이었다. 아니 사랑스러웠다. 귀여운 소녀의 익살스러움과 다 자란 처녀의 청순함과 성숙한 여인의 관능까지 모두 갖추고 있었다.

아뿔사! 그는 그도 모르게 그녀의 귀여운 볼에 입맞춤을 했다. '어어라!' 그녀는 가만히 눈을 감았다. 용기를 내어 산딸기처럼 앙징스런 그녀의 입술에 내 투박한 입술을 덮고 싶었다. 그는 무지개 위로 솟아오른 종달새보다 더 기쁘게 두근거렸다. 그녀, 천사의 숨소리는 미풍처럼 감미로웠다.

*

그때였다.

"흠흠, 첫째야, 애비 왔다."

서 주사 어른의 목소리가 들렸다. 둘은 소스라쳐 떨어졌다.

인사를 하고, 집으로 향하였다. 비바람은 그쳐 있었고, 이슬비만 고즈넉히 내리고 있었다. 어둔 밤길이 무섭지 않았다. '파도 위에 물거품처럼 왔다가 사라져간 못 잊을 그대여' 수없이 흥얼거렸다.

*

어쩌다 지나치는 원두막이나 과수원의 과막(果幕)을 지

나치려면, 비바람 몰아치던 밤에 본 보름달이 떠오른다. 불현듯 그 시절, 그 자리가 그리워지며, 늘어나는 새치(흰머리)가 안타깝다. 그리움은 그리움만으로 족할지나 다시 볼 수 없음이 병일 터였다.

누구시던가?

6개월 만에 영종도 인천공항에 내렸다. 택시를 잡아탔다. 하나 있는 딸이 병원에 입원해 있다며, 오늘 오후에 퇴원한다며, 공항에 마중가지 못한다는 문자를 보냈다.

택시에서 내렸다.

병원 문을 열고 들어섰다. 외과 계산대 앞의 복도에 있는 의자에 앉았다.

그때, 아! 숨이 멎을 만큼 아름다운 여성이 나를 보고 웃었다. 환하게 웃으며 다가오는 여성이 어딘지 낯익었다. 자주 보았던 것 같은데, 생각이 나지 않았다.

"아빠! 나예요? 몰라보시겠어요?"

"어? 보영이냐?"

"네. 아빠도 몰라볼 정도면, 정말 수술이 잘 되었네."

보영이를 바라보았다. 환하게 웃으며 앞에 선 여성이 왠지 낯설었다. 돌아보니, 딸이 나온 출입문 위에 성형외과라고 써 있다. 왼손을 내 코트 주머니 속으로 넣으며, 보영이가 이끌었다.

"아빠, 수술 잘 되었지요?"

"그러네."

"카드로 계산해 주세요."

턱이 갸름하게 되고, 광대뼈가 낮아지고, 달걀 같은 얼굴이 예쁘게 변한 딸이지만, 나는 할 수만 있으면 뒷걸음질치고 싶었다. 카드를 꺼내는데, 문득 아내 얼굴이 떠올랐다.

"먼저 간, 보영이 엄마가 재를 알아볼 수 있을까?"

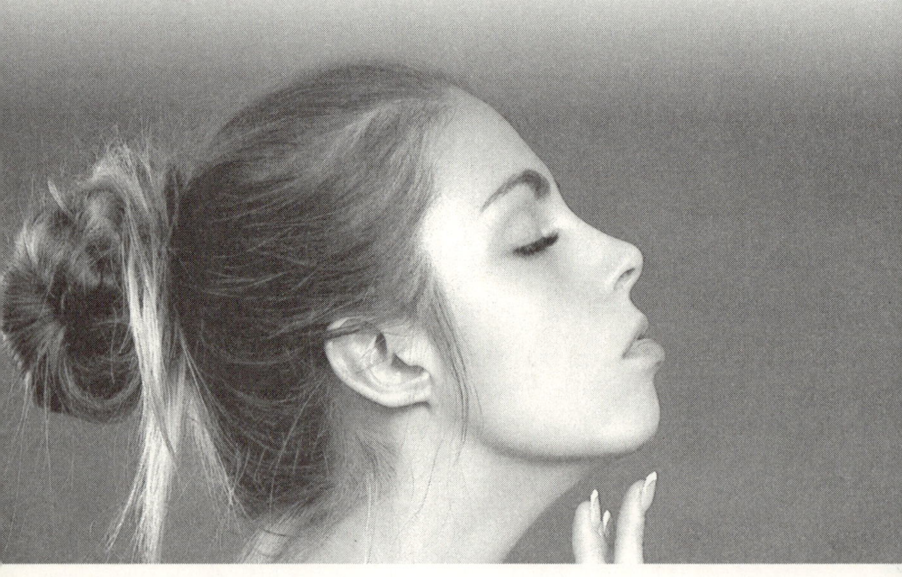

토끼몰이

무애 부장이 TV를 보다가 부원들을 손으로 불러 모았다.

"학교에 다닐 때 토끼몰이를 해 본 사람 있는가?"

송 기자가 오른편 손을 번쩍 들고 나섰다.

"늦가을에 학교에서 심신 단련을 위해 실시했습니다."

천강 기자도 끼어들었다.

"우리 아버지가 꿩이나 토끼 사냥을 했는데, 포인터를 데리고 가서 토끼몰이를 했습니다."

눈빛을 반짝이며 무애 부장이 또 물었다.

"토끼몰이를 할 때, 토끼가 없는 산으로 몰려갈까?"

주 기자가 혀를 차며 말하였다.

"그런 바보들은 없지요."

마른 침을 삼키며 무애 부장이 또 물었다.

"지금 TV에서 종북몰이를 한다고, 인재문이가 반박을 하고 그랬다는데, 토끼몰이에 대입해 보면 말이야. 그것 참 묘하단 말이지."

"무엇이 그리 묘한데요."

"종북 인사들이 있으니, 종북몰이를 하는 것은 아닌가 해서."

"그러게요."

"종북 인사들이 없으면, 종북몰이가 아무런 재미도 없고, 실제적 효력도 없지 않겠어?"

"그러게요."

"정말 종북 인사들이 없으면, 종북놀이는 금방 탄로 나고 비난받을 것인데."

"그러게요."

"그렇다면, 신창박 신부 연평도 발언에 대하여 종북몰이를 하는 것은?"

천강 기자가 얼른 받았다.

"보나마나 그 신부가 종북이지요."

주 기자가 어이없는 표정으로 천강 기자를 밀쳤다.

"그래서 종북이라고 할 것이 아니라, 그의 연평도 발언이 종북이라고 해야지요."

듣고만 있던 송 기자도 한 마디 거들었다.

"저도 가톨릭 신자지만, 신 신부님의 말씀은 지나친 것 같습니다."

그러자 천강 기자가 다시 덧붙였다.

"산에 토끼가 있어야 토끼몰이를 하고, 강에 물고기가 있어야 그물을 앞세워 물고기몰이를 하듯이, 종북 인사들이 있기 때문에 종북몰이도 하는 것 아닙니까? 제 말이 맞지요?"

세 사람은 오랜만에 천강 기자의 명석한 정리를 들으며 마감 기사를 작성하였다.

썩은 감자

감자라고 다 같은 감자가 아니라는 사실이 세상을 지탱한다. 겨울이 지나고, 자루에서 씨감자를 고르기 위해 쏟아내면, 그 중에 썩은 놈이 나온다. 그 놈 옆에 있는 몇 개의 감자에도 썩은 물기가 배어들어 썩어간다. 봄이 되어 감자를 심을 때마다 썩은 감자를 골라내는 일이 농부의 업이다.

*

"쓰레기 같은 새끼들!"

임상기 씨가 얼굴이 벌개져서 들어온다.

"야! 미스 박! 얼음물 좀 줘라."

윗도리를 벗어 던지며 소파에 털썩 주저앉는다. 씨근덕거리는 모습을 멀거니 바라보던 구석기 씨와 방이호 씨가 소파로 다가앉는다.

"왜? 입회를 시켜주지 않는대요?"

"씨팔 놈, 내 돈 받아먹을 때는 허벌레하더니, 입회는 안 된다는구만. 그림 실력을 좀 더 기른 다음에 오래. 지들 '화이트 캔버스'는 실력 본위로 회원을 뽑는다고 하네. 씨팔 놈들, 어떤 놈들은 뭐 실력으로 들어갔나? 거지같은 놈들을 잘도 받아 주면서 나는 안 된다는구만."

구석기 씨가 한 마디 받는다.

"박일수라는 사람, 언론기관 출신이라 그런가, 사람 평가는 예리하게 하네요."

상기 씨가 버럭 소리를 지른다.

"뭐여? 그러면 그 새끼 말이 맞는다는 거여, 뭐여!"

방이호 씨가 눈을 찡긋거리며 나긋하게 거든다.

"말이 그렇다는 것이지. 다른 뜻으로 한 말이겠어? 우리 점심이나 먹으러 가지. 임 사장 열 받치는데 시원한 냉면이나 먹으러 가자구. 임 사장, 오늘은 어디로 갈까?"

임 사장이 앞을 서고, 두 사람이 뒤를 따른다.

*

"쓰레기 같은 새끼들, 이번에는 나를 준다고 하더니, 씨팔, 쓰레기 같은 놈들!"

임상기 씨는 열이 나는지 냉장고를 열고 물통을 꺼내어 벌컥벌컥 들이켠다. 냉장고쪽으로 다가서던 미스 박이 멈칫 선다.

그 꼴을 보던 구석기 씨가 아무 것도 모르는 것처럼 한마디 한다.

“오늘 ‘미도(美道) 대상(大賞)’ 수상자를 결정하는 날이라고 하지 않았어?”

“씨팔 놈들, 나를 준다고 3년이나 기다리게 해놓고, 오늘도 씨팔 다른 놈을 뽑았더라고. 개새끼들, 죽어봐라, 내가 지들 무덤에 가서도 침을 뱉어 줄 테니까.”

방이호 씨가 안경을 벗으며 한 마디 한다.

“아니, 임 사장이 3년 동안 공을 들였잖어?”

“그럼, 그 뿐인가. ‘미도’ 회장이 어디 간다고 하면 비서처럼 차를 대령하고, 어디 놀러간다고 하면 우리 임 사장이 운전사 노릇도 수없이 했잖여.”

“그랬을 걸. 밥도 수십 번도 더 샀을 걸.”

“그렇지? 두 사람들 다 알지? 내가 해마다 100만원씩 낸 것 다 알지?”

두 사람이 맞장구를 치자 더 화가 나는지 물을 한 모금 마시더니, 다시 일갈한다.

“씨팔 놈들! 그렇게 했는데도 상을 안 주면 어떤 놈이 받어. 내 돈 처먹을 때는 '임 사장, 임 사장' 그러더니, 오늘은 안면을 싹 바꾸대. 나도 심사장에 들어가서 보았는데, 내 얼굴을 보면서 힐끗거리다가 지들끼리 속닥거리더라구. 그 소리가 다 들리는데 염통이 터져서 간신히 참았다구. 내 돈을 꼬박 꼬박 받아먹던 놈들이 나에게 상을 주면 안 된다는 거야."

"왜, 그랬대. 얻어먹은 놈들이 의리도 없게!"

"그러네. 참. 의리도 없네."

"그렇지? 의리가 싸가지도 없는 놈들이지? 아, 그 놈들이 내 눈치를 슬금슬금 보기는 하더라구. 그런데, 나에게 상을 주면, 실력 본위로 주는 상이 아니라고 소문이 난다는 거야. 상의 품격에 금이 간다는 거야. 또 결정적인 것이 하나 더 있더라구. 나를 수상자로 뽑으면, 심사를 하는 지들이 나한테 돈을 받은 것으로 오해를 받는다더구만. 임상기에게서 10만원 받았냐, 30만원 받았냐, 50만원 받았냐, 이렇게 떠들 거라면서 나는 죽어도 안 된다는구만. 끝에 가서는 투표를 하더라구. 그런데, 나는 한 표도 나오지 않는 거야. 씨팔놈들. 내 돈을 처먹을 때는 눈웃음을 치면서 최고라더니. 개성이 있어서 좋다더니. 유치원 애들 그림 같아서 순수하다고 하더니. 뭐? 자연스런 백치미가 특징이라구 씨부렁대더니. 그 쓰레기 같은 놈들이 나는 안 된다는거야! 거기에는 내 돈 안 먹은 놈이 하나도 없는데 말이야. 쓰레기 같은 새끼들!"

한참 듣고 있던 구석기 씨가 혼잣말을 한다.

"미술계가 썩었다고 하더니, 그래도 정신이 똑바로 박힌 사람들이 있기는 있네."

그 소리를 들었는지 상기 씨가 고함을 친다.

"쓰레기 같은 새끼들! 정신은 무슨 정신이 박힌 새끼들이야. 씨팔!"

방이호 씨가 눈치를 보더니, 한 마디 거든다.

"에이. 임 사장, 그러지 말고 몇백만 원 팍 질러보지. 아예 상금만큼 지르면 설마 주지 않겠어?"

"소용없어. 그 쓰레기 같은 놈들은 받을 때만 웃으며 받지. 회장을 뽑을 때나, 상을 줄 때는 안면을 감춘다니까. 씨팔! 내가 안 해봤나, 지난 번 회장 나왔을 때는 한번 팍 질러봤지. 씨팔!"

두 사람과 미스 박은 웃지도 못한 채 임상기 씨의 블랙 코미디를 감상한다.

*

"쓰레기 같은 놈들! 이제 와서 무슨 개수작이야!"

헐레벌떡 들어오던 상기 씨가 목청을 높인다.

구석기 씨가 묻는다.

"어떻게 밀어 주겠대?"

"다 소용없어. 씨팔."

방이호 씨도 묻는다.

"최 선생도 안 되겠대?"

"다 소용없어 씨팔."

"오늘, 박일수 씨, 최 선생, 김 교수, 신 교수, 최 박사, 안 회장 등 원로들이 임 사장을 밀어주기 위한 자리를 마련한다고 하지 않았어?"

"그랬지. 내 돈 받을 때는 차기 회장으로 나를 밀어주겠다고. 철썩 같이 말을 해놓고, 오늘은 완전히 딴 소리야. 쓰레기 같은 새끼들! 아, 글쎄 박일수 그 새끼는 대놓고 안 된다는 거야. 자기 회원에 입회할 수준도 아닌 사람을 밀어줄 수 없다고 그러더라구. 내 돈을 제일 많이 받아먹었을 거구만. 어떤 때는 달래서 처먹어 놓고, 이제 안 된다는 거야. 씨팔. 최 선생, 그 새끼는 사람도 아녀, 그 새끼는 빨리 죽으라고 고사를 지낼 거야, 나를 보더니, 분수를 알라는 거야. 회장을 맡기에는 함량 미달이라는 거야. 그러자 김 교수, 신 교수, 최 박사 모두 고개를 끄덕이더라구. 씨팔놈들! 안 회장은 눈만 끔벅거리면서 딴전을 피우고. 씨팔, 내 돈 안 먹은 새끼 있으면 나와 보라구 해. 씨팔. 쓰레기 같은 새끼들.”

“그 분들이 모두 안 되겠다고 그래?”

“그러면 출마를 접어야겠네.”

“그게 상책일 것 같네.”

임상기 씨가 물을 한 모금 마시고 조금은 가라앉은 어투로 말을 한다.

“오는 길에 회원이 제일 많은 송한섭이에게 다녀왔지.”

“송 회장은 뭐라고 하던가.”

“별 다른 이야기는 하지 않더라구. 열심히 하라구 하더구만.”

방이호 씨가 반색을 하며 나선다.

“거, 송 회장 인물이네. 나 같으면 안면몰수를 할 것인데. 사실 안면몰수를 해도 임 사장이 할 말은 없을 겨. 송 회장이 선거를 여러 번 하였는데, 임 사장이 한 번도 도와준 일이 없잖여? 오히려 반대편에서 방해하고, 딴 짓을 했지. 우리가 봐도 임 사장이 송 회장에게 도와달라는 말을 할 계제는 아니지. 아무렴 그렇지. 입이 열 개라고 해도 부탁할 곳과 참아야 할 곳이 있는데, 임 사장이 잘못 간 것 같네. 입을 삐뚤어졌어도 말은 바로 하랬다고. 그렇지 않여? 무슨 낯으로 찾아간 겨. 얼굴이 두껍기는 두꺼워. 우리 임 사장이.”

임상기 씨가 눈을 치뜬다.

"선거 때는 그랬어도, 그 새끼 행사를 할 때는 10만원씩 했다 말이여. 어떤 때는 꽃도 보내고. 그런데, 밀어준다는 말을 않는 것을 보면 그 놈도 쓰레기여. 그 새끼만 밀어 주면, 다른 놈들이 밀거나 말거나 회장은 따 놓은 당상인데. 씨팔"

구석기 씨가 나선다.

"그것은 아니지. 송 회장이 우리보다는 젊어도, 인품이 워낙 좋고, 많은 사람을 잘 도와주기 때문에, 송 회장이 이끄는 협회에서 전시회를 하거나 발표회를 할 때는 정말 많은 사람들이 찬조를 하잖아. 임 사장의 찬조금도 그 중에 하나로 받아들였을 거야. 도와준 사람들에게 고마운 인사는 꼭 하잖여. 송 회장 이야기는 하지 말어. 그 사람 욕을 하면, 하는 놈이 나쁜 놈이지."

"그래도 쓰레기 같은 놈이여. 나를 밀어주지 않는 새끼들은 모두 쓰레기여. 에이 씨팔, 송한섭이 혼자만 도와주어도 되는데, 씨팔!"

*

"임 사장, 나와 이야기를 좀 하세."

방이호 씨가 소파에 앉으면서 임 사장을 불렀다. 거울을 보면서 코털을 뽑던 임 사장이 코를 씰룩거리면서 소파에 앉는다.

"임 사장. 자네가 몇 살 어려서 아우 같기도 하고, 또 갈 곳 없는 우리에게 방과 책상을 마련해 주어서 고맙기도 하고, 가끔 용돈도 주고, 점심과 술도 사고, 그래서 3년 넘게 잘 지냈네."

"아니, 무슨 말을 하는 거야."

"나이도 어린 사람이 선배들에게 반 말을 하는 것도 그렇고."

"아니, 내가 언제 반말을 했어? 아니, 했다고 그래요?"

"오래 전에 내가 몇 년간 농사를 지을 때가 있었지. 감자를 심었었지. 썩은 감자가 있는 것을 그냥 두면, 주위 감자에게 온통 썩은 물을 묻히고, 조금씩 썩기 시작하지. 눈 깜짝할 사이에 다 썩어버리더라고. 내가 임 사장과 만나면서 보니, 임 사장은 썩은 감자여, 썩은 감자. 나까지 썩을 것 같아서 이제 이 자리에 그만 나오려네."

"아니, 씨팔 무슨 말여. 쓰레기 같은 것들이 하는 말에 전염된 거여? 뭐여?"

구석기 씨도 앞으로 다가 앉는다.

"임 사장에게 몇 년간 잘 얻어먹었구만. 그것은 정말 고맙게 생각하고 있어. 그렇지만, 임 사장도 입을 잘 건사해야 돼. 임 사장을 도와주면 나쁜 짓을 해도 '좋은 사람'이고, 임 사장을 도와주지 않는 사람들은 모두 '쓰레기'라고 하는데, 그것은 임 사장이 쓰레기라는 증거여. 부처님 눈에는 부처님이 보이고, 돼지 눈에는 돼지가 보인다고, 조선 태조 대왕에게 무학대사가 한 말을 잘 생각해봐야 할 거여. 임 사장이 다른 사람들을 쓰레기라고 하면, 다른 사람들도 모두 임 사장을 쓰레기라고 할 거여. 쓰레기 눈에는 쓰레기만 보이니까. 그것을 알아야 해. 이런 말도 눈 질끈 감고 얻어먹은 값으로 하는 거야. 임 사장이 들을 귀가 있는지는 모르지만."

"아니, 뭔 말이여. 나에게 맨날 얻어먹더니 떠나겠다는 거여? 시방!"

방이호 씨가 끊어진 말을 잇는다.

"임 사장, 어떤 분들은 이런 말을 하더라고. 쓰레기를 가장 잘 아는 사람은 '양아치'래. 그래서 임 사장이 다른 사람을 쓰레기라고 욕할 때, 그 말을 듣는 사람들은 임 사장을 '양아치'라고 쑥덕거리곤 해. 임 사장 귀에만 안 들리는 거지."

"이런 씨팔, 내가 여지껏 쓰레기들을 데리고 있었네. 이 쓰레기들!"

"마지막으로 한 마디만 하겠네. 위 '상', 기운 '기', 임상기!

이름이 좋지 않어? 그래서 입으로 욕을 잘 하는지 모르겠는데, 앞으로는 좋은 일을 위하여 기운을 써봐. 입도 조심하고. 그러면 상도 받고, 회장도 하고 그럴 거야. 썩은 감자가 되면 모두 피할 걸세. 명심하게."

방이호 씨와 구석기 씨가 문을 열고 나간 뒤에, 임상기 씨는 우두커니 앉아서 혼잣말을 씨부렁거린다. '양아치, 썩은 감자, 양아치, 썩은 감자, 양아치, 썩은 감자…….' 무슨 말인지 몰랐다가 그 뜻을 알게 된 미스 박도 조용히 문을 열고 퇴근한다. 그러거나 말거나 상기 씨는 자기 별명과도 같은 말을 어둠 속에서 자꾸 되새긴다.

"양아치, 썩은 감자, 양아치, 썩은 감자, 양아치, 썩은 감자……."

우산 하나

소나기가 내리거나, 우기를 맞아 간헐적으로 비가 내릴 때, 불현듯 떠오르는 우산 하나가 있다. 그 우산을 생각하면, 내 마음에 '너도 우산을 준비하라'는 속삭임이 들려온다. 무심히 지나칠 수도 있었던 일이지만, '오른손이 하는 일을 왼손도 모르게 하라'는 말씀을 떠올리게 하던 그 분, 사랑을 실천하던 천변 도로의 정경이 오늘이듯 생생하다.

유성을 향하여 가는 길이었다. 천변도로에서 삼천교에 진입하기 직전인데, 갑자기 소나기가 내렸다. 우회전 차들이 노란 등을 깜박이며 줄 지어 서행을 하였다. 차량 몇 대 앞의 우측 인도에서 호미를 든 채 서둘러 걸어가시는 할머니 한 분이 보였다. 천변의 노지에서 '손바닥 농사'를 짓다가 소나기가 쏟아져서 급히 나오신 듯하였다.

늘어서 있는 자동차 걸음은 느리고, 비를 피하느라 서두시는 할머니 걸음이 빨라서, 그 할머니 모습은 저만치 삼천교 중간쯤에 보일 듯 말 듯 앞서 가셨다. 그러다가 우회전 차량들이 쭉 빠지면서 할머니가 코앞에 보였다. 조그만 손수건으로 머리를 가리며 걸으시는 모습이 시골에서 농사를 짓던 우리 어머니 같았다.

'저러시다가, 감기라도 걸리면 어떻게 하시나?'

보는 마음이 안타까웠다. 걸어가시는 모습으로 보아, 가시는 곳이 그리 멀지 않으리라는 것을 짐작하게 하지만, 비는 쉬지 않고 쏟아져서, 할머니의 몸은 온통 젖어 보였다.

할머니 곁을 지나치려고 할 때였다. 우회전 전용 차선에 있는 차들이 시원하게 달리는데, 바로 앞에 가던 차가 비상등을 번쩍이며 멈추었다. 나도 깜짝 놀라 비상등을 켜고 멈추었다.

'앞의 차들은 쭉 빠져서 비어 있는 차도를 두고 앞차는 왜 섰을까?'

궁금하여 전면을 살폈다. 인도를 걸어가던 할머니가 차를 향하여 다가서는 모습이 보였다.

'아, 가족을 만난 모양이다. 참 다행이다.'

그런데 차 문이 열리면서 우산이 나왔다. 3단 접이 우산일까, 자그만 우산이 자동차 문 밖으로 나오고, 그것을 받아든 할머니가 몇 번이나 고개를 끄덕이는 모습이 보였다. 할머니가 우산을 폈을 때에는 그 차가 저만큼 달려가고 있었다. 나도 뒤를 따라 출발하여 그 차의 운전자를 볼 수 있었다. 빗물 때문에 흐릿하였지만, 나보다 젊어 보이는 남자분이었다.

'내 차에도 우산이 있었는데…….'

내 차에도 우산이 있었지만, 그 분과 같은 생각을 하지 못한 것이 사실이다. 그 분이 할머니에게 우산을 드리는 모습을 보고 나서야 내 차에도 우산이 있음을 깨달았다. 이름도 모르고, 다시 만난다고 해도 그 얼굴을 기억할 수는 없겠지만, 그 분이 보여준 사랑의 실천에 가슴 먹먹한 날이었다.

다음에 어디선가 그러한 상황에 마주친다면, 나도 그 분처럼 하고 싶었다. 그리하여 내 차에도 우산을 두세 개쯤 예비하고 다닌다. 물론 우산 하나가 중요한 것이 아니고, 가까이에서 실천할 수 있는 마음자세가 중요함을 알고 있다.

소나기가 내릴 때면, 내 마음의 껍질을 깨뜨려준 그 분에게 머리가 숙여졌다.

돼지고기 반근

1.

“천강 선생님, 바깥 분 퇴직하셨다고 하셨지요?”

행정실 과장이 다가선다.

“네, 그런데요?”

천강 선생은 무심하게 받는다.

“연말 정산 때에 배우자 공제가 되거든요.”

중요한 것을 몰래 가르쳐 줄 때처럼 가까이 다가와서 은근한 어조로 말한다. 입김에 귓불이 간지럽다.

“그래요? 난 그런 걸, 잘 몰라요. 알아서 해 주세요. 수업 준비를 해야겠네요.”

천강 선생은 서둘러 2층으로 오른다.

2.

“무애 선생님, 연말 정산에 남편도 공제되나요?”

커피 타임을 맞아 천강 선생이 말한다.

“그렇다고 그러네. 나는 해당사항 없지만.”

무애 선생이 커피 잔을 든다.

“공제를 받으면 좋잖아요. 맞벌이 하던 우리 그이가 정년퇴직을 해서 저도 공제 혜택을 받는데요.”

천강 선생이 커피 잔을 들면서 말한다.

“우리 남편은 개인사업자라서 소용없어요. 의료보험도 따로따로 내고.”

무애 선생이 커피 잔을 내려놓으면서 말한다.

“참, 이상하네요. 가족 수당은 똑같이 주면서 말이에요.”

“그러네. 우리도 가족 수당은 나오거든.”

“배우자는 얼마씩이지요?”

“그것도 모르나 보네. 월에 4만원이지 아마.”

“저는 관심이 없거든요. 행정실에서 넣어주는 대로 받아요. 그리고 자녀들도 받잖아요?”

“성인이 되지 않은 자녀들이 해당되고, 나이가 넘으면 제외야. 의료보험은 나이가 넘어도 되지만.”

두 사람은 잘 맞지 않는 퍼즐을 맞추는 것처럼 고개를 갸웃거리지만, 딱히 무엇인지 잡히지 않는 표정이다.

3.

“참, 아까 나누던 이야기인데요. 부모님들은 가족수당이 얼마씩이에요? 저도 시어머님을 모셔 와야 할 것 같은데요. 얼마나 더 받나요?”

천강 선생이 갑자기 관심을 보인다.

“어르신들은 월 2만원이야. 너무 작지?”

무애 선생이 심드렁하게 말한다.

“아니, 그러면, 어떻게 해요? 남편보다 병원도 더 자주 가고, 약값도 더 들 텐데.”

“뭘 고민해? 간단한 걸 가지고.”

“어떻게요?”

“남편 생일날은 돼지고기 한 근을 사면 되고, 시어머니 생신날은 돼지고기 반근을 사면 되고. 안 그래?”

웃음기 어린 무애 선생의 말에 커피를 나누던 2층 선생들이 모두 배꼽을 잡는다. 그러면서 약간 허탈한 기색이다. 텔레비전에 나온 정치가들이 말끝마다 되뇌어 말하던 노인 복지, 노인 우대 방안을 떠올린다.

‘그래 돼지고기 반근짜리 노인 우대 정책이구나.’

피식피식 나오는 웃음을 참느라 눈가에 이슬이 번진다.

너는 정치나 해라!

"상우야, 너는 선생님이 되고 싶다고 그랬지?"

"네! 선생님!"

"그래, 선생님보다 훨씬 훌륭한 선생님이 되어서 만나자!"

"네! 알겠습니다!"

초등학교 졸업식을 강당에서 마친 후 돌아온 교실은 조용하였습니다. 선생님께서는 한 사람 한 사람 이름을 불러 교탁 앞으로 불렀습니다. 졸업장과 상장, 그리고 상품을 나누어 주시며, 선생님께서는 장래 희망을 확인하셨습니다. 6학년이 되어 시작할 때 써낸 '장래 희망'을 보시면서 훌륭한 사람이 되라고 격려하셨습니다.

"영숙이 너는 간호사가 된다고 하였구나. 그렇지?"

"예, 선생님."

"너는 마음이 착하니까, 아픈 사람을 잘 돌볼 것 같구나."

"그렇게 하겠습니다."

씩씩한 영호에게는 나라를 지키는 훌륭한 국군이 될 거라면서 거수경례를 시범으로 보이셨습니다. 모두 웃었습니다. 바른 말을 잘 하는 진복이에게는 훌륭한 경찰이 되라고 머리를 쓰다듬으셨습니다. 진복이는 머리를 긁적이면서 들어갔습니다. 제숙이에게는 멋진 옷을 만드는 디자이너가 되라고 하셨습니다. 제숙이는 방긋 웃었습니다. 연순이에게는 솜씨가 좋으니 훌륭한 요리사가 될 것 같다고 하셨습니다.

마지막으로 철수가 나왔습니다.

"철수야, 너는 무엇이 되고 싶으냐?"

"이것도 하고 싶고, 저것도 하고 싶어서, 잘 모르겠습니다."

"그래? 장래희망도 써내지 않았구나. 무엇이 되고 싶으냐?"

"커봐서, 나중에 하고 싶은 일을 하겠습니다."

"그래? 그러면 너는 정치나 해라."

그렇게 졸업장과 상장, 그리고 상품을 나누어 주셨습니다. 선생님께서는 떠나는 우리에게 손을 흔드셨습니다. 선생님 앞을 지나는 아이들에게 한결같이 "20년을 잊지 말자!"고 소리를 높이셨습니다. 졸업을 하고 20년이 되는 날, 이 학교 운동장에서 만나자는 말씀이셨습니다.

*

그리고 20년이 지났습니다. 아이들이 반쯤 모였습니다. 선생님도 나오셨습니다. 30대의 장년 남성과 여성들이 모였습니다. 몇몇은 식사를 하면서 아이들 기르는 얘기로 분주하였습니다. 아직은 앳된 사회 초년병들이어서 모두 바빠 보였습니다.

*

또 20년이 지났습니다. 20년 전에 만났던 친구 중에 19명이 참석하였습니다. 새로 13명이 참석하였습니다. 새로 나온 친구들은 사업이 잘 되는 친구들이어서 그런지 머리에 윤기가 흘렀습니다.

선생님께서는 70대 초반이신데도 머리가 검으셨습니다. 반가운 미소를 머금으시며, 좋은 말씀을 많이 하셨습니다.

자리에 앉으시던 선생님께서 무애를 바라보며 말씀하셨습니다.

"그런데 철수가 안 보이는구나. 20년 전에도 참석하지 않았는데. 오늘도 참석을 하지 않네! 무애야! 너는 무슨 일이 있는지 아니?"

"아니요. 잘 모릅니다."

"철수에게 무슨 일이 있는 것은 아니겠지?"

"잘 모르겠습니다. 가끔 전화를 하기도 하고, 그러다가 연락이 되지 않는 등, 도깨비 같은 친구여서요."

선생님께서는 아무 말씀도 하지 않으셨습니다. 자리는 다시 시끄러웠습니다. 누구는 돈을 많이 벌어서 쌓아 놓을 곳이 없다고 엄살을 부렸습니다. 누구는 출세를 해서 직급이 올랐다고 하였습니다. 하는 일들이 대부분, 선생님께서 졸업식장에서 말씀하신 대로였다고 이구동성이었습니다.

그때 갑자기 궁금증이 일었습니다.

선생님께 조용히 여쭈었습니다.

"선생님! 대부분의 아이들에게 '무엇이 되라'고 하신 말씀이 이해가 되었었습니다. 그런데, 왜 오늘 오지 않는 철수에게는 '정치가나 되라'고 하셨습니까? 철수는 말도 잘하고, 눈치도 빠르고, 활발하기는 하지만, 자기 주장을 펴기보다는 남들의 눈치를 보는 아이였는데요?"

"네 눈에도 그렇게 보였느냐?"

"예, 그랬습니다. 정치가보다는 장사를 하는 것이 좋을 것 같았는데요."

“그랬지. 그렇지만, 그 녀석이 선생님을 하면 아이들이 손해를 볼 것이고, 장사를 하면 소비자가 손해를 볼 것 같아서, 어떤 직업도 권할 수가 없었단다.”

“그러면, 정치가는요?”

“철수가 거짓말을 잘 하더구나. 다른 사람들의 나쁜 이야기를 너무나 천연덕스럽게 꾸며서 험담을 하더구나. 또 제가 좋으면 손뼉을 치고 반색을 하다가도, 제가 불리하면 생각이 나지 않는다고 우기더구나. 그래서 무슨 일을 하라고 권할 수가 없었다.”

“그러면, 정치가는요?”

“변덕스런 이야기를 멋지게 꾸며내는 그 애를 보면서, 정치가들이 떠올랐거든. 정치가들이 거짓말을 제일 잘 하거든. 속이 훤히 들여다보이는 그런 거짓말! 그때는 홀딱 넘어가지만, 얼마 안 가서 뻔한, 그런 거짓말!”

선생님의 말씀을 들으며, ‘아하, 그래서, 철수더러 정치나 하라고 하셨구나.’ 생각하였습니다. 선생님의 눈과 마음이 어쩌면 그렇게 정확하실까, 다시 한 번 깜짝 놀랐습니다.

일어서는 선생님을 따라 문 앞으로 나섰습니다. 배웅해 드리며 바라보니, 선생님 검은 머리카락 바탕에는 온통, 하얀 머리카락이 삐죽삐죽 돋아나고 있었습니다. 눈물이 나오려고 하는 것을 억지로 참았습니다.

인사를 드리고 돌아서며, 철수가 정치를 하지 않은 것이 참 다행스럽다는 생각을 하였습니다. 아직 신문이나 텔레비전에서 그의 이름을 보지 못하였습니다.

쌀 반 가마

천강 씨는 물통에 물을 받았다. 심부름하는 호태는 물통을 날랐다. 어깨에 얹고 잠깐 내려가서 1톤 트럭에 얹고는 다시 빈 통을 들고 올라왔다. 20통이나 나른 다음에야 허리를 펼 수 있었다.

"아이고, 허리야, 어깨야, 아저씨는 어렵지도 않으세요?"

"이놈아, 젊은 놈이 뭐가 어렵다고 그래! 나는 너만 했을 때, 쌀을 두 가마니씩 지고 고갯길도 훨훨 날아다녔다."

"아이고, 아저씨도, 아저씨는 반 가마도 못 지고 다녔다고 소문 다 났는데요. 뭘."

"이놈아, 그것은 다른 놈들이 시기해서 그런 거야. 한 가마 반은 지고 다녔다."

"그만 두세요. 알 사람은 다 알아요. 아저씨는 반 가마도 못 지고 다녔대요!"

"이놈아, 글쎄 한 가마는 지고 다녔다니까!"

"알았어요. 빨리 받기나 하세요."

호태와 말씨름을 하던 천강 씨는 물통 주둥이를 수도꼭지에 대었다. 어쩐지 물줄기가 시원치 않았다. 갑자기 어젯밤 일이 떠올랐다. 마누라가 이젠 필요 없는 물건이라며 거들떠보지도 않던 거시기가 떠올랐다. 생각해서인지, 새벽이어서인지, 갑자기 아래가 묵지근해졌다.

"이놈아, 빨리 날라, 언제 다 나르려고 그러누?"

"옛설, 축지법으로 다녀오겠습니다."

멀어지는 호태의 뒷모습을 보며, 괜히 큰소리친 것이 미안했다. 그러나, 신 새벽부터 이 짓이라도 해야 칼국수 집을 운영할 수 있으니, 어둠과 함께 물을 받는 것은 어쩔 수 없는 일과였다. 희끄무레한 길목에서 두어 명이 두런거리며 다가왔다.

"저들도 물을 뜨려고 오는 것이겠지, 우리는 이제 다 떴으니, 자리를 양보해야겠구나."

마지막 물통을 힘들여 어깨에 메고 일어서려는데, 점잖은 목소리가 약한 어깨를 짓눌렀다.

"그 물, 검사했는데, 먹을 수 없다고 그래요! 그 물 떠다 뭐 하려고 그러나요? 먹을 수 없는 물이에요! 그 물!"

"그랬구나, 그래서 요 일주일 동안 아무도 없이 우리만 물을 받았구나. 일찍 와서 그런 줄 알았더니, 물을 뜨러 오는 사람이 없어서 그랬구나."

묵지근하게 일어나던 아랫도리가 갑자기 팍 식었다. 졸아 붙은 채로 물통을 들고 내려왔다. 물통을 집어던질까, 아니면 가지고 갈까, 망설여졌다. 오늘 장사를 해야 하나, 아니면, 파토를 내고 파리를 날려야 하나?

'한라산 얼음을 녹인 물이라고 너스레를 떨어야 하나?'

'쥐 죽은 듯 조용히 있어야 하나?'

수업료가 330만원이라는 아들놈의 중얼거림이 귓가에 스쳤다. 천강 씨는 다리까지 후들후들 떨렸다.

"그래, 나는 쌀 반 가마도 못 지고 다니는 놈이다."

호태가 물통을 받으러 다가왔다. 물통을 넘겨주고 심호흡을 해보지만, 눈에 눈물이 어려 걸을 수가 없었다.

오라이, 오라이, 아줌마

천강 여사는 무애 여사와 커피 한 잔을 마시면서 주한 미군의 한국 여성 성추행에 대해 분개하고 있었다. 동시에 그런 미군을 체포하지도 못하고, 더불어 재판하지도 못하는 우리 정부에 대해 분노하고 있었다. 무슨 협정인가, 오래전에 맺은 불평등 조약이 눈물을 나게 만들기도 하였다.

"얘, 무애야, 이래서는 안된다."

"그래. 나도 동감이다. 정말 이래서는 안 된다."

두 사람은 국제적 일지매나 홍길동, 손오공이 된 것처럼 의분에 떨었다. 둘이 나서야 우리나라의 자존심을 찾을 수 있다는 생각이 들었다. 뿐만 아니라 국제적 난제는 둘이 나서야 풀 수 있다는 특별한 사명감에 두 손을 맞잡고 수퍼맨처럼 나서는데, 꼬부라진 소리가 들렸다.

"오라이, 오라이, 이쪽으로, 아니 온쪽으로!"

궁금해서 문을 나서니, 이웃집 영희 엄마가 주차한 차를 빼고 있었다. 앞과 뒤에 바짝 댄 차들 때문에 땀을 흘리고 있었다. 앞에서는 희멀건 미군 한 사람이 손짓을 하면서 차 빼는 것을 도와주고 있었다.

"오라이"라고 하는 것을 보니, 우리나라에서 오래 근무한 사람 같았다. "이쪽으로"는 "왼쪽으로"라는 말이고, "온쪽으로"는 "오른쪽으로"라는 말이었다. 핸들을 왼쪽으로 돌려서 후진하라는 말이었고, 오른쪽으로 돌려서 전진하라는 말이었다.

"한국말 잘 하세요?"

"니예에. 우리 애이인이 코리안이예요. 아주 이예뻐요."

묻지도 않는 애인 자랑을 했다. 이 말을 들으면서, 두 여사는 아까 나누었던 이야기, 주한 미군을 혼내야겠다는 다부진 약속을 떠올렸다. 그러다가 고개를 갸웃했다. 이런 미군들이라면 한국 여성을 강제로 성추행할 것 같지 않았기 때문이다.

차를 빼는 것을 도우며, "오라이, 오라이"라고 할 정도면, 한국인이 다된 것이나 다름없었다. 주한 미군이 자동차를 향해, "오라이, 오라이"라고 하거나, 일본인이 까닭 없이 미워지면 바로 한국인이 다 된 것이라는 글을 읽은 적이 있었다.

더구나 한국 여자가 애인이라며, 가던 길을 멈추고, 주차한 아줌마의 차를 빼는 아줌마를 한국말로 도와줄 정도라면, 이 사람은 한국인이 다되어 가는 증거였다. 천강 여사가 살짝 꼬리를 내렸다. 들릴 듯 말 듯 무애 여사의 귀에 대고 속삭였다.

"무애야, 미군이라고 다 나쁜 사람은 아닌갑다."

"그럼, 착한 사람, 나쁜 사람, 섞여 사는 것이구 말구."

무애 여사도 천강 여사의 말에 맞장구를 쳤다. 천강 여사가 하도 방방 뛰어 어쩔 수 없이 [아줌마 지구 결사대] 대원이 되기는 했지만, 눈앞이 깜깜했던 터였다. 영희 엄마가 차를 빼고, 손을 흔들며 골목을 빠져나갔다. 미군도 코맹맹이 소리로 인사를 하며, 가던 길을 갔다.

두 사람은 누가 볼세라, 집안으로 들어서서 문을 굳게 닫았다. 천강 여사와 무애 여사는 서로 눈을 마주치며, 윙크를 나누었다.

참 곱디야

1.

"놀이 참 곱디야!"

노친네는 혼잣말처럼 중얼거린다. 물안개의 지느러미 속으로 젖어드는 노을을 바라보다가 아들 쪽으로 눈을 돌린다. 눈이 마주친다. 그런데도 젊은이는 대답이 없다. 달맞이꽃 주변을 향하여 연신 손짓이다.

"놀이 참 곱디야!"

노인네가 목소리를 높인다. 그제서야 바라본다. 무슨 말을 하는지 잘 모르는 표정이다. 그러다가 눈앞에서 홰액 손을 나꾸어 채며 각다귀를 잡는다.

"엄니, 이제 들어가시지요?"

저녁 안개가 어스름 피어오르던 강변에도 이제 노을과

어둠이 한데 어울려 녹아 있다. 각다귀들이 어지럽게 날며 온 몸을 싸고돈다. 코를 간질이는 녀석, 귓불을 간질이는 녀석, 숨을 쉴 때 코 속으로 들어가서 사래를 일으키는 녀석도 있다. 그 중에서도 눈에 들어가 눈썹 사이에서 헤어나지 못하는 녀석들이 가장 귀찮다.

"엄니, 들어가세요. 각다귀들이 놀아대니까, 모기까지 덤비네요."

노인네 하얀 윗도리 위에 모기가 앉는다. 손을 휘저어 쫓는다. 다시 어깨 쪽에 앉는다. 여름옷을 파고들어 귀찮게 할 요량이다. 손바닥으로 살짝 누른다. 옷에 붉은 빛이 번진다.

"애앵 이이이잉."

젊은이의 귓바퀴 속에서 모기가 울어댄다. '탁!' 손으로 자기 귀를 때린다. 손에도 붉은 빛이 묻어난다. 노인네 어깨에 두 마리가 앉는다. 손바닥으로 살짝 친다. 한 마리는 도망갔는지, 한 마리만 부서진 채 붙어 있다. 노인네 볼에도 모기가 앉는다. 손바닥으로 살짝 친다. 그때 노인네가 고개를 돌린다. '찰삭!' 얼굴에서 소리가 난다.

"엄니, 아프지요? 모기를 잡다가 그만!"

"아니다. 괘안찮다."

"엄니, 일어서시지요. 천지에 모기네요."

"그러자꾸나."

노인네는 아들이 내미는 손을 잡고 일어선다. 노을도 꼬리만 조금 남기고 사라진다. 땅거미 속에서 모자는 두 손을 잡고 실루엣으로 멀어진다.

2.

인터넷 검색 순위 3번에 '어머니 매 맞다'가 뜬다. 클릭을 한다. '맞고 사는 어머니, 아들이 무섭다'라는 또 다른 제목이 나타난다. 사진 석장이 보인다. 노인의 등을 때리는 남자의 손, 노인의 얼굴을 때리는 남자의 손, 남자에게 끌려가는 노인의 모습. 사진은 흐릿한데, 설명은 또렷하다. 강변에서 아들에게 매를 맞는 노인을 보고 휴대폰으로 찍어 올린다는 덧 설명이 붙어있다. 보고 있는 사이에 인터넷 검색 순위 2번으로 바뀐다.

3.

그 날 저녁 무렵, 노인네와 젊은이는 달맞이꽃을 바라보며 앉아 있다. 각다귀를 쫓거나 모기를 잡으면서 노을에 묻힌다.

"엄니, 아직도 아버지를 기다려요?"

"그라문, 달맞이꽃이 필 때 끌려가셨걸랑. 달맞이꽃이 피었으니. 이제 오실긴데.”

기다리는 사람이 오거나 말거나, 노을은 저 혼자 피어나서 풀 섶이나 나뭇가지를 흔들기도 하고, 흔들리는 물결을 타고 곱게 피어나기도 한다. 그 덕에 노란 달맞이꽃도 얼굴이 붉게 타오른다.

“놀이 참 곱디야!”

첫사랑이 갑자기

"퓨우 피유…."

습식 사우나 파이프에서 수증기가 터져 나오는 소리가 요란하다. 그럴 때마다 천장에서는 뜨거운 수증기가 폭포수 운무처럼 사방으로 퍼진다. 계속 그러는 것이 아니라, 한참 조용하다가 실내 온도가 떨어질 무렵이면 반복된다.

머리칼 위로 흩어져 내려앉는 작은 물방울의 감촉이 부드럽다. 머리칼을 적시다가 얼굴로, 귓불로, 목덜미로 흘러내리면서 땀과 수증기가 합친다. 들어설 때 후끈거리는 무더위를 느끼지만, 시간이 흐르면서 오히려 시원하다. 더러는 얼굴을 들어 수증기 속에서 눈을 뜰 수도 없지만, 더운 운무(雲霧)에 몸을 맡기면, 무념무상의 시간이 되기도 한다.

"반야바라밀다…."

반야심경을 천천히 일곱 번이나 12번쯤 외고 나면 온 몸이 익어가는 느낌이다. 문득 '반야'에서 고려 공민왕 때의 여인이 떠오른다. 내공을 모아 다시 심경의 의미를 되새기며 암송한다. 그 사이에 다시 천상의 여인이라고 하는 '반야'의 얼굴이 떠오르고, 수증기 속에서 아리아리한 몸매가 꿈틀거리며 일어선다. 그 '반야'가 갑자기 경하의 얼굴과 오버랩이 되더니, 어느새 '오빠'라고 부르던 스물한 살의 인연으로 앞에 선다.

"아니, 이제 와서 어쩌라고?"

대학 1학년 여름에 둑길을 걷다가 지랑풀이 우거진 곳에 앉아 바라보던 여인이다. 이 풀은 수크령이라고도 하는데, 사람들이 밟고 지나도 참아내면서 길가에서 자란다. 지랑풀이 우거지면 옷에 흙이 묻지 않아 좋다. 중국에서 만들어진 말이지만, 결초보은(結草報恩)이라는 고사 성어를 만든 풀이라고도 하는데, 근거가 있는지 모른다.

은혜를 입은 사람이 죽어 혼백으로나마, 은혜를 베푼 사람이 위급한 상황을 돕기 위해 지랑풀을 묶어놓아 추격자의 말이 넘어지게 하였다니, 인연의 힘은 무량해 보인다. 수증기 사이에서 실루엣으로 다가서는 그 여인에게 손을 내밀다가 깜짝 놀란다.

"어어, 이래서는 안 되는데…."

자신도 모르게 벌떡 일어선다. 온 몸에 구슬처럼 달라붙어 있던 물방울이 쪼르르 흘러내린다. 설레설레 고개를 젓더니, 후다닥 사우나 문을 열고 나간다. 남들이 바라볼까 걱정을 하면서 몸을 감추고 속보를 한다. 얼른 샤워 꼭지를 튼다. 알맞은 온도의 물줄기가 온 몸으로 쏟아진다.

힘이 들어가던 아랫도리 중심부에 물줄기를 맞춘다. 성이 나려던 '몸가락'이 서서히 줄어든다. 그제야 한숨을 내쉬며 주위를 둘러본다. 더러는 탕에 들어 앉아 눈을 감고, 더러는 폭포 안마를 하느라 시끄럽다.

'아니, 알몸은 한 번도 못 보던 첫사랑인데, 어쩌자고 환갑 지난 나이에 불끈거리나. 참 내!'

샤워 물줄기에 맞추어 빙글 몸을 한 바퀴 도는데 콧날이 시큰하다.

그리움은 강물처럼

그해 9월의 토요일이었다.

고단한 통학길의 오후, 금강변에 이르러 나룻배를 기다리던 차, 굽이져 여울을 이룬 자갈밭에 앉아 있는 여학생이 눈에 들어왔다. 노을의 조화만은 아니어서, 젊음의 가슴에 설레임을 심는데 충분했다. 그도 모르는 사이에 다가갔고, 곁에 앉았다.

분위기에 동화되어 금강의 잔물결에 흐르는 노을의 빛깔을 응시했다. 저렇듯이 수많은 세월이 흘렀으리라. 우리도 저렇듯이 흐르리라는 사념의 맥을 멈추며 그녀를 바라보았다.

그녀는 동그랗고 맑은 눈을 가졌다. 오똑한 콧날에 보조개가 예뻐서 늘 가슴 설레게 하던 소녀였다. 금강변 디디울나루 산기슭에 있는 초가집 둘째딸인 그녀, 그러면서도 한 학년 위인 그에게 오빠라고 부르던 그녀는 물결에 흩어지는 노을빛을 응시하고 있었다.

그러다 눈이 마주쳤다.

쑥스러움에 눈길을 돌렸을 때, 강가 옥수수 밭에는 살랑바람이 지나고 있었는지, 잎사귀 부딪는 소리가 다정했다. 노을에 젖은 붉은 옥수수수염조차 아름다웠고, 키가 큰 미루나무는 짙어지는 노을의 무게를 고즈넉이 지키고 있었다.

한동안 우두커니 앉아 있었다.

여울의 물소리가 또렷해짐을 느끼며 다시 그녀를 바라보았다. 노을을 배경으로, 실루엣으로 드러나는 그녀의 모습은 신비스러우리만큼 성숙해 보였다. 보일 듯 말 듯한 얼굴의 곡선은 고대 이집트의 피라밋에 묻혀 있는 어느 왕녀의 화신처럼 보였다. '아름다울지고, 아름다울지고, 정녕 아름다울지고.' 감성의 지렛대를 누르며 일어섰다. 그녀도 따라 일어섰다.

몇 발짝을 옮겼을 때였다.

"오빠를 기다렸어요."

놀라는 그를 쳐다보며 다시 말을 이었다.

"오빠를 기다렸어요. 언제나 늦게 다니는 오빠를 만나려고, 나와 앉아 있었어요."

물기 젖은 그 소리를 듣는 순간의 그 기쁨, 그 행복, 정녕 깨어나지 말기를 바라며, 발끝에서 머리끝까지 전해지는 산뜻한 전율을 느끼며 나는 왕자가 된 듯하였다. 무관의 왕자, 아니 까만 학생모를 썼으니, 흑관의 꿈 많은 왕자였다.

설레는 가슴을 진정했다.

"오빠는 제 심정을 모를 거예요. 언제나 말이 없고, 여학생에게는 더욱 쌀쌀하고, 운동을 좋아하기만 했지, 우리에게는 관심도 없었잖아요?"

그녀는 잔잔한 어조로 쉬엄쉬엄, 수줍음을 타면서도 침착하게 말을 이었다.

"아, 그랬던가?"

입 밖에 나오지 않게 혼자 중얼거리며 지난날들을 되새겨 보았다. 말 못할 비밀을 간직한 것은 아니지만, 그는 별로 말이 없는 생활을 했다. 늘 반복되는 일상의 소소한 얘깃거리를 늘어놓는데 의미를 잃었고, 말 많은 자의 허세를 조금은 터득하여, 약간은 조숙한 문학청년이었다. 또한 남의 이목을 집중시킬 만한 화술이 없었던 탓이기도 했다. 그러기에 시종 남의 말을 듣는 편이었고, 조용히 미소로 응대하는데 이골이 났고, 그것이 속 편하다는 나름대로의 기준 설정에 의해 묵직한 사람으로 보였는가 싶었다.

"여름 방학 바로 전에 도와준 고마움이 늘 머릿속에서 지워지지가 않아요. 그 이후 오빠를 다시 생각했구요. 그냥 보고 싶기만 했어요."

*

7월 중순이니까, 여름 방학을 며칠 앞둔 어느 날이었다. 더위를 식히느라 강물에 몸을 담그며 수영을 즐겼다. 정식으로 배운 수영은 아니지만, 나루를 건너 통학하다 보면 금강을 몇 번씩 헤엄쳐서 건널 수 있는 것이 남학생들의 보편적 능력이었다. 그도 예외는 아니어서 금강을 오르내리며, 금강을 건너 오가며, 젊음의 호연지기를 기르던 때였다.

나룻배를 기다리는 여학생의 모습이 언뜻 눈에 들어왔다. 그러나 관심을 갖지 않고 강을 건너는데, 앞쪽의 백사장에 낯선 청년 두 사람이 여학생을 가운데에 두고, 희롱을 하는 것 같았다. 여학생의 머리채를 붙잡는 것도 같았고, 팔을 붙잡는 것도 같았다. 시달림을 받던 여학생이 그들을 피해 강을 거의 다 건너간 그 쪽으로 달려왔다. 그러자 그들도 뒤따라왔다. 여학생의 가방 끈이 떨어지고, 운동화가 벗겨진 채였다. 거의 동시에 세 사람이 그 앞에 도착했고, 여학생은 지쳤는지 쓰러졌다.

"오빠, 오빠, 이 사람들이⋯."

다급한 김에 오빠라고 부르는 것 같았다. 그는 예의 말없는 모습으로 조용히 그들을 바라보았다.

"학생, 학생이 이 여학생 오빠가 틀림없나?"

근동에서 불량기가 있다고 소문난 키가 작은 녀석이 을러대며 물었지만, 대답하지 않았다.

"야, 네가 오빠야? 뭐야?"

그래도 그는 묵묵할 수밖에 없었다. 그때였다. 옆의 녀석이 소리쳤다.

"야, 임마! 사람 말이 말 같지 않니?"

한 손으로 그의 턱을 슬슬 걷어올렸다. 화가 났다. 그냥 둘 수 없다는 다부진 생각이 들었다. 그는 고등학교에 입학하면서부터 유도를 배우고 있었기 때문에 겁이 들지는 않았다. 다만 두 사람과 맞붙어 이길 수 있을까라는 염려와 함께, 운동은 했지만 싸움이라는 실전 경험이 전무했기에 조금은 켕기기도 했다.

그들은 학생인 그를 깔보고 있었고, 말없는 그의 행동이 겁을 먹은 줄로 착각한 듯했다. 그들은 방심한 채, 한 녀석은 그한테, 다른 한 녀석은 여학생에게 시비를 걸었다.

더 이상은 참을 수 없었다.

기합을 넣으며, 을러대는 녀석의 손목을 나꿔채어 집어

던졌다. 동시에 한 녀석의 몸통을 인정사정없이 후려 찼다. 축구시합에서 공을 길게 차듯이 온힘을 기울였다. 중학교 때 배운 십팔기의 발차기 기술을 제대로 써먹었다. 그리고는 감았던 눈을 떴다. 나는 놀랐다. 한 녀석은 모래에 머리를 박고 캑캑거렸으며, 한 녀석은 옆구리를 붙잡은 채 뒹굴고 있었다.

통쾌했다.

"다시는 내 눈에 보이지 않도록 해!"

두 녀석의 엉덩이를 힘주어 한 번 더 차면서, 그 자신도 모를 냉엄한 어투로 말했다. 그리고는 말없이 강을 건너 집으로 향했었다.

*

그날 이후 처음 만났는데도, 자연스럽게 오빠라는 말을 하는 것은, 아마도 그날 얼떨결에 불러본 소이연인 것 같았다.

"오빠, 누굴 그리워하는 것은 죄가 아니지요?"

"아니, 음, 음."

"누굴 사랑하는 것은, 죄가, 예, 죄가 아니지요?"

가슴의 방망이질을 누르며 바라본 강물에는 상현달이 하얗게 부서지고 있었다. 그래 그들도 저 달처럼 쉼 없이, 끝

없이 걷고만 싶었다. 백사장을 지나, 강둑을 지나, 오솔길을 지나, 고갯마루를 넘어 발 닿는 데까지 무작정 걷고만 싶었다. 부서지는 강물은 조각조각이 아름다웠다. K만큼 아름다웠다.

그녀가 보고 싶었다.

걸음을 멈추자 그녀도 따라 섰다. 달빛을 받은 그녀의 얼굴은 평소에 보던 모습보다 훨씬 예뻤다. 밝은 얼굴이 하얗게 빛났고, 큰 눈은 더욱 깊어 보였다, 깍지 낀 두 손은 비너스보다 아름다웠다. '아, 사랑스런지고, 아, 아름다운지고.' 그녀는 그의 가슴에서 헤엄치는 로렐라이의 인어였다. 해초의 신비를 헤치며 웃는 아름다운 인어 공주였다.

"오빠, 우리가 걸어온 발자국이 언제쯤 지워질까요?"

'그렇지. 발자국은 지워지게 마련이지. 바람이 한번 휩쓸고 지나가거나 물결이 한번 출렁이면, 우리의 발자국은 지워지겠지.'

그는 꿈에서 깨어나듯이 머리를 흔들며 들뜬 가슴을 쓸어 내렸다.

그때 외치는 소리가 들렸다.

"어이, 학생들 건너가지 않을 거야? 이번이 마지막 건너가는 배야!"

사공 아저씨였다.

"아니예요. 건너갈 거예요!"

소리치며 돌아서는 그를 따라 그녀도 걸었다. 잰 걸음질을 쳤다. 둘 다 말이 없었다. 나루를 건넜다. 갈림길에 이르렀다. 무슨 말을 할 듯, 할 듯 망설이다가 그냥 지나쳤다. 그녀도 멈칫, 멈칫하다가 길을 꺾었다. 걸어가면서 어딘가에서 읽었을 시 한 토막을 떠올렸다.

네게 드리마.
소녀여, 이 노래를 네게 드리마.
눈벌에 피어나는
불 같은 동백꽃과
돌 속에 수를 놓는
보석의 화문(花紋).

핑그르 눈이 젖는
고운 사모와
먼 성좌(星座) 애틋이 안겨 오는
푸른 꼬리별
사파이어의 원광(圓光)도

네게 드리마.
소녀여, 이 노래를 네게 드리마.
풀숲에서 절로 배운
풀색 노래와

바닷가에서 절로 배운
물색 노래와
달밤에 절로 배운
달빛 노래를

소녀여,
내 잃어버린 미소여!
— 김남조 시인의 시 〈소녀에게〉 전문

김남조 시인도 티없이 맑은 소녀에게 이 노래를 바쳤을 것이다. 그러나, 그는 세라복이 단정했던 여학생 K에게 이 노래를 바쳤다.

'그리운 소녀여, 그리운 사람이여, 그리운 세월의 앙금이여, 나는 그대를 그리워하며, 이밤사 달빛을 만난다. 미루나무 가지에 엉켜 있는 달빛을 풀어, 그대 그리는 마음을 달래는데, 디디울나루 강여울 소리가 가슴을 흔드는구나. 이제는 다 지워지고 없겠지만, 둘이 남기고 간 발자국이 눈을 비벼도 뚜렷해지는구나.'

유산 털기

천강 어르신이 찜질방 문을 열고 들어서자, 무애 어르신이 반겼다.

"며칠 되었지? 그 동안 잘 살았던 겨?"

"그럼, 잘 지냈지."

무애 어르신이 옆자리를 가리켰다. 수건으로 자리를 탈탈 털더니 천강 어르신이 앉았다.

"우리 시골에 살 때는 겨울 내내 멍석을 엮었는데…."

"가마니도 엮고, 삼태기도 틀었지."

천강 어르신이 무애 어르신의 눈을 말끄러미 바라보았다. 뭔가 할 말이 있는 듯하였다.

"왜, 무슨 일이 있어?"

"아니, 그냥!"

"그게 아닌데, 할 말이 있으면 해봐!"

"김 주사 얘기가 남의 일 같지 않아서…."

"뭔 일이 있기는 있는가 보네."

이마에 난 땀을 수건으로 씻으며 천강 어르신이 맥 풀린 음성으로 말하였다.

"큰 아들이 민사 재판을 걸었대!"

"뭔 일로?"

"제약회사를 넘겨 달란다네."

"큰 아들이 한의사라고 그러지 않았어?"

"그랬지."

"그럼, 지도 잘 먹고 잘 살 텐데. 왜 그랬대?"

"병원 건물을 좀 큰 걸로 바꾸고 싶다고 그랬다는구만."

"지금 병원 건물도 김 주사가 사 준 거 같은데."

"그랬지."

"그러면, 뭐가 부족해서?"

"자기 지분하고, 어머니 지분을 내놓든지, 제약회사 자체를 내놓던지 하라구. 지 엄마하고 짜고 덤빈다네. 어차피 돌아가시면, 나누어 가질 것이니, 미리 달란다네."

"어허, 돈 없는 내가 제일 속 편하군. 나는 뭐 가진 것도 없으니까."

"그래도, 아파트도 있고, 농토도 좀 있지 않아?"

"그까짓 거야 뭐. 재판 걸 건더기나 되나?"

무애 어르신이 지긋이 눈을 감고 멍석 위에 눕는다. 천강 어르신도 따라 누우려다가 생각난 듯 한 마디 하였다.

"어이, 무애 선생!"

"왜 그러시나?"

"재산 상속에 대한 속 아픈 이야기가 있네."

"뭐가 그렇게 속이 아플꼬?"

"재산을 말이야. 자식에게 하나도 물려주지 않으면, 맞아 죽는다네."

"그럼 반쯤 주어 버리지."

"재산을 말이야. 자식에게 반쯤 물려주면, 다 달라고 시달려 죽는다네."

"그럼 다 주어 버리지."

"재산을 말이야, 자식에게 다 주어 버리면, 굶어 죽는다네."

"어이 친구야! 그럼, 어떻게 하란 말이야."

"허허, 나도 모르네."

생각에 잠겨 있던 무애 어르신이 벌떡 일어서며 허공을 바라보았다. 에스키모 얼음집처럼 둥근 천장에는 흐릿한 전등이 하나 매달려 있었다. 흐려지던 어르신의 눈에 이슬이 반짝였다.

시어머니 저녁밥

"고마워요."

무애 선생은 급식실에서 봉사하는 어머니로부터 비닐 쇼핑백을 받는다. 가방을 들고 교실로 향한다. 콧노래가 나온다. 가을바람에 들녘을 걷는 것처럼 발걸음이 가볍다.

*

쇼핑백을 들고 교실로 들어가는 무애 선생을 바라보며 2층 교사들이 한 마디씩 한다.

"저는 부끄러워서 못 살겠어요. 우리 반 학부모가 당번할 때에도 그랬다네요."

"저도 그 말을 듣고 학부모님 얼굴을 볼 수가 없었어요. 애들 배식 끝나고, 밥하고 반찬이 남으면 싸 달라고, 일회

용 그릇과 쇼핑백을 맡기더래요."

"그런데, 문제는 그 다음이었어요. 학부모 입장에서는 남은 밥과 반찬을 드릴 수는 없잖아요. 미리 준비해 놓았대요."

"그래요. 저도 참 불쾌해요. 우리 선생님들 망신을 시켜도 유분수지. 해도, 해도 너무 해요."

"천강 선생님, 선생님은 무애 선생님과 친하시잖아요. 그러지 말라고 좀 하세요. 선생님 말씀은 들을 것 아니에요?"

모두 천강 선생의 얼굴을 바라본다.

"나도 그런 이야기를 해 보았지요. 여러 사람이 쑥덕거리니, 아무리 어려워도 그러지 말라고 했지요. 그런데, 웃기만 하지, 듣지를 않네요."

천강 선생은 고개를 살래살래 흔든다.

"천강 선생님, 어떤 사람이 그러던데요. 무애 선생님은 시어머니를 모시기가 싫어서, 방 하나 얻어 내쫓고, 밥도 여기저기서 얻어다 드린다는 소문이 있어요. 사실이에요?"

"그럴 리가 있겠어요? 얼마나 예절 바르고 품위 있는 분인데요."

"몰라요. 겉하고 속이 다른 사람이 얼마나 많아요."

"그렇기는 그러네요."

"천강 선생님, 어떻게 해 보세요. 무애 선생님에게 밥 좀 얻어가지 말라고 그러세요. 아이들도 가끔 무애 선생님이 가난하냐고 물어요. 정말 창피해 죽겠어요."

모두 천강 선생을 바라본다.

"알았어요. 내가 오늘은 뒤를 밟아서, 얻은 밥을 자기가 먹는지, 시어머니에게 갖다 드리는지, 아니면 누구에게 주는지 확인을 해볼게요. 그 다음에 말씀을 드릴 터이니, 자, 이제 교실로 돌아갑시다."

천강 선생은 입술을 굳게 오무린다.

*

무애 선생은 흐트러짐 없이 걸어간다. 작은 핸드백을 왼쪽 어깨에 걸치고, 오른손으로 쇼핑백을 들고 바쁘게 걷는다. 가을 햇볕이 보석처럼 쏟아지는 길에 당단풍나무 잎이 빨갛게 물들어 있다. 가끔 하나씩 아스팔트에 떨어져 내리지만, 지나가는 자동차에 날려 사라진다.

무애 선생이 큰 길에서 골목길로 들어선다. 꼬리를 놓칠까봐 천강 선생도 재게 걷는다. 무애 선생은 골목길을 한참 들어가더니 몇 개의 계단을 오른다. 자전거도 다닐 수 없을 정도로 좁은 골목을 지나 전봇대 옆의 녹슨 대문을 밀고 들어간다. 대문 밖에서 안을 엿본다.

마루도 없는 방 안에서 두 사람이 나누는 소리가 언뜻 들린다.

"어머니, 요즘은 좀 어떠세요?"

"그만, 그만, 하지요."

"어머니, 오늘 점심은 드셨어요?"

"에구, 점심은 무슨 점심?"

"그래요? 그럼 이걸 드세요."

부시럭거리는 소리가 들린다. 아마도 학교 급식실에서 얻어온 밥과 반찬을 내놓는 것 같다. 천강 선생은 머리가 텅 빈 듯 정신이 아뜩해진다. 주저앉을 것만 같다. 녹슨 쇠기둥을 잡고 간신히 버틴다.

'아, 시어머니를 밖에 모시고, 밥을 얻어다 드린다는 말이 사실이구나.'

오랜 기간, 친구로 마음을 터놓고 사귄 시간이 파노라마처럼 스친다. 시부모 문제로 의논할 때마다 부모를 잘 모시라고 말하던 무애 선생의 모습이 클로즈업되어 다가선다.

*

쓰러질 듯 몸을 가누며 천강 선생은 대문을 향한다. 그때 대문이 열리며 꼬마가 뛰어 들어온다. 눈이 마주친다.

"선생님! 3반 선생님 오셨어요?"

"아니, 너는 효주?"

"네, 저희 집이에요."

"너희 집?"

천강 선생은 고개를 돌려 방문을 바라본다. 말소리가 들리자 문을 열고 무애 선생이 나온다. 그 뒤에 수건으로 머리를 묶은 효주 어머니가 기어 나온다.

"효주 왔구나. 아니, 천강 선생님도 오셨네. 효주랑 같이 오셨어요?"

"아니, 그게…."

"아이고, 무애 선생님이 자주 오시는 것도 고맙고, 미안하고 그런데, 천강 선생님께서도 오시다니. 고마워서 어떻게 한대요? 그런데, 제가 일어서지를 못해서 인사도 못 드리네요. 선생님, 미안합니다."

얼굴이 붉어진 천강 선생은 눈 둘 데를 찾아 두리번거리다가 무애 선생의 손을 잡는다.

"효주가 지난해 선생님 반이었지요?"

"그렇지요. 지난해 교통사고로 아버지가 돌아가시고, 어머니는 저렇게 거동을 못하고."

"무애 선생님!"

천강 선생의 눈에 뜨거움이 흐른다.

* 후일담 하나

효주네는 교통사고 후에 아파트에서 옆 동네로 이사를 갔다. 학구가 달라 전학하였다. 같은 학교에 다녔다면 무애 선생은 효주 어머니의 저녁밥 도시락을 효주에게 맡겼을 것이다.

* 후일담 둘

학교 급식실에서 얻지 못하였을 때에는 가끔 무애 선생이 바깥분과 함께 효주네를 찾았다.

* 후일담 셋

효주네 담임선생님께 말씀을 드려서 효주가 저녁 도시락을 갖다 드렸다.

* 후일담 넷

무애 선생의 시부모는 결혼하기도 전에 돌아가셨다.

* 후일담 다섯

무애 선생과 천강 선생이 함께 다른 학교로 전근을 하였다.

"여기에서도 시어머니 저녁밥을 얻어 가실래요?"

천강 선생의 눈길을 무애 선생은 엷은 미소로 받는다.

연탄

안도현 시인은 우리의 삶을 〈나 아닌 그 누구에게/ 기꺼이 연탄 한 장 되는 것〉이라고 노래합니다. 〈해야 할 일이 무엇인가를 알고 있다는 듯이/ 연탄은, 일단 제 몸에 불이 옮겨 붙었다 하면/ 하염없이 뜨거워지는 것〉이라고 말합니다. 〈온몸으로 사랑하고 나면/ 한 덩이 재〉로 쓸쓸하게 남는 것이라고 합니다.

*

며칠 사이에 바람이 차가워져서 제법 겨울답습니다. 이보다 조금 덜 추울 때, 대전쪽방상담소에 전화를 드렸습니다. 우리 대전 클럽에서 연탄 1,000장을 후원하기로 하였으니, 나누어 드릴 분을 한두 가구 찾아달라고 부탁드렸습니다. 며칠 후에 5가구를 선정하였으니, 도와주실 날짜를 알려 달라는 전화를 받았습니다.

"그러면 한 가구당 200장밖에 안 되는데요. 너무 작은 양이 아닌가요?"

"쪽방은 집과 창고가 좁아서, 한 가구에 200장 이상은 쌓아 놓을 곳이 없습니다."

"아니, 정말 그렇습니까?"

"한번 와 보시면 알게 됩니다."

토요일 오전에 자원 봉사를 자원한 로타리안 6명이 모였습니다. 쪽방촌 골목 입구에 서 있는 트럭의 연탄을 나르는 일입니다. 대전쪽방상담소에서도 관계자 4명이 나왔습니다. 연탄을 받는 가구에서도 한 분씩 나와서 도와 주셨습니다. 살펴보니, 정말 가구마다 200장 정도밖에 쌓을 수 없었습니다. '이렇게 사시는 분들도 있구나.' 이런 생각으로 미안하였습니다.

한쪽 편에 늘어서 있는 가구에 연탄을 날랐습니다. 그 맞은편에 사시는 분들도 거의 같은 수준임을 알게 되었습니다. 여러 가구들이 쪽방에서 어렵게 생활하고 있는 것 같았습니다. 우리가 도움을 드리지 못하는 가구에 사시는 분 같았습니다. 한 분은 못내 서운한 모습을 지으며, 가던 길을 멈추고 계속하여 우리에게 말을 걸었습니다.

"우리 이웃이라도 도와 주셔서 고맙습니다. …우리는 불을 때지 않아도 괜찮습니다. …사진 실컷 찍고 가세요. …우리는 아무리 추워도 얼어 죽지 않습니다. …우리에게는 겨울이 없습니다."

총무는 미안해하면서 그 분을 바라보지도 못하는 것 같았습니다.

"회장님, 다음에는 좀 더 준비를 해야 할 것 같습니다. 저 분들에게 잘못한 것은 아닌데, 죄를 지은 느낌입니다."

사실 연탄 2,000장을 준비하였지만, 다른 지역에 있는 분들에게 1,000장을 미리 드렸기 때문에 그 날은 어쩔 수 없었습니다. 이 연탄 봉사는 국제로타리 3680지구에서 각 클럽에 500장씩을 지원하여 비롯되었습니다. 이에 상응하여 각 클럽에서 500장을 준비하여 어려운 이웃의 겨울나기를 돕습니다.

우리 로타리클럽에서는 500장을 준비하면 되지만, 1,500장을 준비하여 따뜻한 마음을 나누기로 하였습니다. 그러나 어려운 이웃을 위한 또 다른 봉사를 하고 있기 때문에 한 곳에 집중할 수 없는 한계를 지니고 있습니다. 모든 분에게 사랑을 나누는 것은 거의 불가능합니다. 그래서 넉넉하지 않아도 서로 나누는 사랑이 소중함을 알고 있습니다.

등에 땀이 배는 만큼 마음도 뿌듯하여졌습니다. 한 번에

2장씩을 들고 골목길을 지나서 연탄광에 차곡차곡 쌓는 일을 50번은 한 것 같습니다. 그러면서 다시금 안도현 시인의 시가 떠올랐습니다.

생각하면
삶이란
나를 산산이 으깨는 일

눈 내려 세상이 미끄러운 어느 이른 아침에
나 아닌 그 누가 마음 놓고 걸어갈
그 길

*

그렇습니다. 이렇게 안전한 길을 만드는 일이 소중함을 깨닫습니다.

올 겨울도 참으로 추울 것이라고 합니다. 그 겨울에 따뜻하게 지낼 몇 분들을 떠올리며 나도 연탄 한 장이 되고 싶었습니다. 그런 마음으로 겨울을 나고 싶습니다.

침이 꼴깍 넘어가는데

천강 여사는 시금치를 다듬고 있는 무애 여사에게 은근히 묻는다.

"무애야, 참 이상하다. 왜 야한 생각을 하면 침이 꼴깍 넘어갈까?"

"얘는 별 얘기를 다한다."

무애 여사는 약간 부끄러운 듯이 다듬은 시금치를 옆으로 치우고, 쪽파 껍질을 벗기기 시작한다. 고개를 들이밀며 천강 여사가 짓궂게 묻는다.

"야한 그림을 보아도 침이 꼴깍 넘어가거든. 너는 안 그래?"

"얘는 똑 같은 사람인데. 뭐가 다르겠니?"

"그래? 너도 그래"

"아, 그럼 같지 않구."

"왜, 그래? 참 궁금하지 않니?"

"궁금하긴 뭐가 그리 궁금하누. 침 나오면 침 흘리고. 꼴깍 넘어가면 삼키면 되지."

"너는 그 이유를 아니?"

천강 여사의 궁금증을 해결해야 하겠다고 생각한 무애 여사는 미끈하게 벗겨진 쪽파를 넣은 그릇을 치운다. 그리고 설명을 시작한다.

*

사람은 평소에 지속해서 눈을 깜빡이고 있지. 그러다가 특별한 일이나 놀라운 일을 보게 되면 깜빡이는 것을 잊고 주시하거든. 그러다가 눈에 습기가 마르면 눈을 깜빡이게 되어 눈물이 돌거나 아프기도 하는 거야.

그런 거와 마찬가지로 사람은 긴장이나 흥분을 하게 되면 침샘에서 침이 많이 나오게 되지. 그 이유는 체내의 삼투압이 높아져서 심장박동수가 늘어나며 혈압이 높아지고 타액의 분비도 많아지지. 여기에 반사 신경에 의한 반응이 추가되면 침이 더 많이 나오게 되는 거야.

또, 인간을 비롯한 대부분의 동물은 계속해 입에서 침이 나오도록 되어 있어. 왜 시골에서 소들이 흘레붙을 때, 황소 콧구멍에 하얗게 거품을 내뿜는 거 못 보았어? 그 침은 밖으로 나오기도 하지만, 자신도 모르게 삼키는 거야.

순간적으로 강한 자극을 받게 되면 침 삼키는 것을 잊게 되지. 그래서 침이 고이게 되고, 그 고인 침을 꿀떡 삼키게 되는 거야. 그래서 소리가 날 정도로 침을 삼키는 겨야.

*

무애 여사의 설명을 듣고 있던 천강 여사는 먼 시골의 소 흘레붙던 날을 떠올린다.

약간 경사진 시골길에서 두 장정이 암소를 부여잡는다. 한 손으로는 코뚜레를 움켜쥐고, 다른 한 손으로는 암소의 꼬리를 옆으로 잡아당겨 암소의 거시기가 드러나도록 한다.

황소는 주인이 고삐를 움켜쥐고 비탈길 위에서 대기한다. 황소는 콧김을 푸푸 내뿜으며, 앞발로 땅을 차며 몸부림을 친다. 황소의 아랫배에서는 거시기가 벌겋게 늘어진다. 아이들 팔뚝만큼이나 한 것이 그야말로 공격 준비를 갖춘다.

동네 사람들이 빙 둘러서서 구경을 한다. 무애 여사는 사람들 뒤에서 구경하다가, 손가락으로 눈을 가린다. 그러나 호기심이 발동하여 손가락을 떼어서 볼 것을 다 본다.

주인이 식식거리는 황소의 고삐를 놓는다. 황소는 뛰어와서 암소의 엉덩이 위로 올라탄다. 뒷발로 버티고 몸을 흔든다. 암소는 넘어질 듯, 넘어질 듯 황소의 무게를 버틴다. 장정 두 사람이 고삐를 잡고 함께 힘을 모은다.

암소의 거시기를 잘못 찾은 황소의 거시기가 옆으로 빗나간다. 황소 주인이 다가와서 황소의 거시기를 암소의 거시기에 집어넣는다. 황소는 몸부림을 치면서 콧김을 푸푸 내쉰다. 그러다가 황소는 풀썩 내려온다. 내려와서는 앞발로 땅을 한번 차고는 "음머어!" 소리를 지르면서 암소의 곁에 당당하게 선다.

그 생각을 하면서 천강 여사의 입에서 침 넘어가는 꿀꺽 소리가 난다. 같은 생각을 했는지 무애 여사의 목에서도 꿀깍 소리가 난다.

대통령의 군복

김 노인은 하나뿐인 아들이 내려왔을 때, 집안의 대소사를 매듭짓기로 했다. 뒷산 등기문서, 논문서, 밭문서, 그리고 종중에서 간직하고 있는 서류들을 꺼내놓고 아들을 바라보았다.

"이것이 토지 문서들이다. 이제 네가 갖고 있도록 해라."

"예, 아버지. 그러나 제가 갖고 있으면 뭐하겠어요? 아버지가 갖고 계세요."

"아니다. 이제 내 정신도 왔다 갔다 가물거리니, 이제 네가 맡거라."

"그럼 그러세요. 이러시지 않아도 되는데, 아버지 마음이 약해지신 것 같아요."

"늙으면 다 그렇단다. 70만 넘어도 노망이 들 나이인데,

이제 90이지 않니?"

"그래도 일본 시대 군사훈련 받던 때를 떠올리며, 힘 있게 사셨잖아요!"

"다 지나고 나면, 한낱 꿈에 불과하다."

마루에서 바라보는 시루봉에 흰구름이 중간쯤 걸쳐 있다. 노을이 지려는지, 붉은 기운이 서서히 구름을 물들이기 시작하더니, 세상을 온통 붉게 물들였다. 마루 끝에 서 있는 아들의 그림자가 길게 늘어지고 있었다.

"그리고, 이것은 예금통장과 농협 구좌 통장이다. 도장을 갖고 가면, 현금으로 바꿀 수 있을 게다. 내가 죽거든 장사를 지내고, 누나에게도 용돈을 조금 주고, 나머지는 네가 다 쓰도록 해라. 너한테 다 넘겨주고 나니, 가슴이 다 후련하다. 내 말 알아 들었냐?"

"예. 그렇게 하겠습니다. 아버님, 잔 받으시지요."

잔을 올리며, 김 선생은 쇠잔해져 가는 아버지의 모습에 연민의 속울음을 울었다. 일본군복을 입은 아버지의 사진을 보고, 평생을 찾아뵙지 않겠다고 맹세하던 그였다.

독립운동을 하다가 돌아가신 아내의 할아버지, 그래서 장인어른은 가난할 수밖에 없었다. 아버지가 가난한 노동자였던 아내, 그 아내에게 미안해서 아버지를 찾을 수가 없었다. 그러나, 최근에 일본 군복을 입고 찍은 대통령의 사진을 대한 아내가 내 가슴을 다시 두드렸다.

"일본 군복을 입었던 장교도 대통령이 되고, 또 민주투사라고 해서 대통령이 된 사람도 일본 군복을 입었던데, 아버지를 그만 용서하세요."

아내가 등을 밀어 시골집을 찾았다. 아버지는 그것이 신이 나서 집안 모든 일을 김 선생에게 맡기려 하였다.

김 선생은 정신대 할머니들의 주름진 얼굴을 떠올렸다. 그 주름마다 새겨졌을 한(恨) 서린 세월을 되씹어 보았다.

'아버지께서 돌아가시면, 이 재산을 모두 정신대 할머니들을 위해 써야겠다. 그때까지 할머니들이 건강하게 사셨으면 좋겠다.'

이런 생각을 하면서 김 선생은 일제시대에 칼을 찬 장교 모습의 대통령, 그리고 일본 군복을 입은 민주 투사 대통령의 얼굴을 떠올리려고 애를 썼다.

그들의 얼굴이 조금씩, 조금씩 흐려지다가, 물 젖어 흔들렸다.

선배님, 우리 선배님

1.

학보사 문을 밀치며 새내기가 들어온다.

"선배님! 제가 쓴 소설인데, 읽으시고 말씀 좀 해 주세요."

"알았어. 거기 놓고 가."

이튿날, 선배가 그 소설을 열심히 읽고 있다.

"어? 대단한데. [계모 재혼 초청]이라, 놀라운데."

선배는 소설을 책상 서랍에 집어넣는다. 며칠 후, 후배와 선배가 길에서 만난다.

"선배님, 제 소설 읽어보셨어요?"

"응. 제법이던데. 조금만 손질하면 수작이 되겠어."

"그럼 손 좀 보아주세요. 나중에 연락드릴게요."

"그러지. 그런데, 왜? 어디 가는가?"

"예! 우리 가족 모두 미국으로 이민을 가거든요. 제가 편지를 드릴 테니, 우편으로 붙여 주세요."

"아, 그래? 좋은 소설가 하나 잃게 되었군."

다음해 1월, 선배는 기고만장하여 꽃다발을 받았다. 신춘문예에 소설이 당선되어 상을 받는 자리였다. 제목이 [계모 재혼 초청]이었다.

2.

두 선배와 한 후배가 호프집에 앉아 있다. 후배가 선배에게 피즐의 생맥주를 잔에 따른다.

"형님, 축하드려요!"

"아니야, 나보다 훨씬 재치가 뛰어난 이 친구가 타야 할 상인 것 같은데."

"K선배님도 장려상 받으셨잖아요. 선배님, 축하드립니다."

아무런 말도 하지 않는다. 무언가 꼬여도 단단히 꼬인 우거지상이다.

"심사평에서 그랬잖아요. 중심 내용이 없는 말재주보다는 우직하게 끌고 갔지만, 삶의 깊이를 그려낸 작품이 훌륭한 작품이라고요!"

그러자 술을 마시던 K가 벌떡 일어선다. 후배의 얼굴에 생맥주를 뿌린다. 주위 사람들이 깜짝 놀란다. 아연, 잠시 진행된 고요를 깨고 족제비 빰치는 소리가 들린다.

"야, 임마! 그럼 내가 쓴 글은 내용이 없다는 거야, 뭐야, 임마!"

"아니, 선배님 작품이 그렇다는 것이 아니라, 심사평에 그렇게 써있다는 얘기지요."

생맥주 묻은 얼굴을 손으로 훔치며 후배가 대답한다. 다른 선배가 손수건을 내어준다.

"이 친구, 이게 무슨 짓인가. 후배한테. 창피하게."

"자네도 그러는 게 아냐! 나한테 구구절절 배워 가지고."

"그래서 내가 미안한 마음으로 한 잔 사는 것 아닌가? 자네의 나는 듯하게 가벼운 언어 기법, 현란한 조어의 배합, 비비 꼬인 야유, 말을 비트는 재주, 나는 도저히 그런 경지에는 다가갈 수 없다는 것을 잘 아네. 그러니 낸들 어떻게 하나. 자네가 응모하라고 해서 응모한 작품이 장원을 했는걸. 고맙네. 정말 고맙네. 모두 자네 덕일세."

듣고 있던 K는 쥐똥을 씹은 듯 찡그린 얼굴을 펴지 않는다. 가슴이 덜렁하게 호프집 문을 처닫고 사라진다. 정말 족제비 소갈머리 같다. 아니 밴댕이 소갈머리 같다.

3.

두 선배와 세 후배가 막걸리 잔을 주고받으며 정담을 나누고 있다.

오늘도 K는 자신의 신춘문에 당선을 입에 침이 튀게 자랑이다. 서해안에 나타난 식인상어 아가리에 말뚝을 박은 것보다 더 멋진 쾌거였다고 자랑이 한창이다.

그러자, 후배 하나가 일어선다.

"선배님, 좀 더 모시고 좋은 말씀을 들어야 하는데, 선약이 있어서 먼저 일어나겠습니다. 좋은 말씀 많이 나누십시오."

"아, 그래? 이제 술맛이 나고, 말할 기분이 솟는데, 안됐군. 그대는 내 이야기를 듣지 못한 것이 평생의 후회로 남을 거야! 잘 가!"

조금 듣다가 다른 후배 하나가 일어선다.

"선배님, 죄송합니다. 오늘이 아내 생일인 것을 깜빡 했습니다. 평생을 조용히 살려면 별 수 있나요? 먼저 실례하겠습니다."

"어, 자네는 아직도 마누라에게 쥐어 사는가? 그래서야 어찌 대장부 남아라고 할 수 있는가? 우리는 좀 더 대범해야 하네. 좀 더 대범할 필요가 있어. 우리 사회가 부권 상실 시대로 진입한다고 하잖는가. 이런 때일수록 우리는 조심

해야 하네. 자네 술 한 잔 들게!"

술자리를 마련한 후배 시인에게 잔을 돌린다. 건네는 술잔을 받아 든 후배 시인이 조심스럽게 말한다.

"선배님, 조금만 주십시오. 고등학교에 다니는 아이를 데리러 가야 합니다."

"이 친구가, 이러면서도 시인이라고 하는가? 아니, 마누라와 애들에게서 해방되지 않고 어떻게 글을 쓰는가? 나를 보게. 나는 마누라에게 운전을 시키고, 마음껏 술을 먹네. 나는 운전을 하지 않기로 했네. 마누라는 어디다 쓰려고 하는가!

마누라에게 얽혀 사는 한 그대는 결코 시인이 될 수 없어! 그대는 결국 사이비 시인일 뿐이야. 사이비, 사이비, 암, 사이비 시인이지.

나를 보게. 내가 술 한 잔 걸치고 마누라에게 전화를 하면 득달같이 달려오거든. 나는 그 재미로 사네. 이것이 바로 위대한 작가들의 본보기가 될 걸세. 자 한잔 쭉 들이켜고, 술잔을 돌리게!"

그때 선배 한 분이 일어선다.

"야, K야, 너도 들어가. 마누라에게 혼나지 않으려거든 들어가라. 들어가."

선배 한 분도 손을 흔들며 자리를 뜬다. K의 강권으로 술잔을 든 후배 시인은 난감해 한다. 옆의 새 잔을 들어 선배에게 술을 권한다.

남의 작품 줄거리에, 자신의 언어 감각, 입담과 재치로 재가공하여 신춘문예에 당선하기는 하였지만, 그 뒤로 변변한 작품 하나 발표하지 못하는 선배의 괴로운 심정을 이해하기 때문에, 후배 시인은 조용히 지켜볼 뿐이다. 작품이 따르지 않기 때문에 술을 먹고 공연히 허세를 부리는 것을 알기 때문에, 측은지심(惻隱之心)으로 지켜볼 뿐이다.

말재주만으로 소설이 되는 것은 아니다. 작품 속에 인생이 녹아 있어야 하는 것이다. 삶의 진지한 성찰이 들어 있어야 하는 것이다. 술잔을 돌리는 것만으로 작품이 완성되는 것이 아님은 분명하다. 그럼에도 불구하고 자신의 철지난 말재주만으로 소설을 만들려는 선배의 옹고집이 안타깝다.

술잔을 들다가 쓰러지는 K를 부축하며, 목로의 계산을 한다. 늘 이런 식이다. 술값은 후배가 지불하는 것이 당연한 도리라고 여기는 선배, 신춘문예 등단으로 문단을 화려하게 장식한 선배와 함께 대작했다는 것만으로도 황감해야 한다는 것이 선배의 지론이다. 술로 곤죽이 되어 흐느적거리는 선배를 차에 태워 집까지 배달한다.

선배네 집 대문을 나서는데, 밤바람이 차다. 옷섶을 헤치고 냉기가 들어온다. 술기운이 깨는가, 머릿속이 시원하다.

이튿날 새벽같이 전화벨이 울렸다.

"야, 사이비 시인, 너, 내 윗도리에서 파카 볼펜 빼갔냐? 그거 우리 마누라가 외국 여행 갔다가 기내에서 사온 건데, 못 찾으면 큰일 난다. 너 꼭 찾아내! 네가 술을 산다고 촐싹거려서 그런 거니까, 네가 책임져! 그 볼펜 국산이 아니라, 미제란 말이야. 임마, 듣고 있냐?"

후배 시인은 가슴에 여울져 흐르는 뜨거운 눈물을 삼킨다. 엊저녁의 차가웠던 밤바람을 기억하며, 뜨거운 눈물을 울컥 삼킨다.

4.

스스로 위대한 소설가로서 후배들을 지도해야겠다고 생각한 K선배는 오늘도 후배들과 술잔을 나누고 있다.

"야, 오늘은 누가 술값을 내기로 했나?"

"아무나 내지요. 뭐!"

"지난번에는 사이비 시인이 냈고, 음, 오늘은 심사위원에게 도자기를 바쳐서 신춘문예에 당선한 자네가 내야 하지 않겠나?"

"저는 당선 턱으로 진 빚만 해도 엄청납니다. 파산 직전이에요. 오늘은 봐 주시지요.”

구석에서 술잔을 만지작거리는 후배에게로 시선이 모인다. 그러자, 그는 한숨부터 내쉰다.

“아, 요즘은 먹고 죽으려 해도 쥐약 살 돈도 없어요. 참, 따분한 신세네요. 이렇게 살아서 무엇 한대요. 콱 죽고 싶어도 돈이 있어야지요. 돈이!”

그러자 위대한 K가 눈을 치뜬다.

“너는 다른 데에서는 술값을 가끔 낸다는 소문이 있는데. 왜 나하고 마실 때만 그렇게 죽을상이냐? 너, 나한테 술 사 주는 것이 티껍냐?”

아무 대답이 없는 것으로 보아 ‘그렇다’는 의미로 보인다. 그러자 사이비 시인이라 불리는 후배 시인은 술자리가 묘하게 흘러가는 것을 느껴서 선수를 치고 나선다.

“오늘도 제가 쏠 겁니다. 오늘 원고료 받았으니까 제가 사겠습니다.”

“야, 사이비, 너도 원고료를 받을 때가 다 있니?”

그러자 돈이 없어 쥐약도 못 산다고 하던 후배 시인이 파고든다.

“따지자면, 우리 위대하신 K선배님보다는 우리 회장 시인이 훨씬 더 원고료를 많이 받을걸요. K선배님이야 말뿐이지, 어디 원고 청탁서를 1년에 한번이라도 받으시나요?”

K의 얼굴이 벌레를 씹은 듯이 붉그락푸르락 변한다. 하품하다가 하루살이가 입 속으로 들어간 것처럼 입을 삐죽이면서 눈에 독살이 솟는다.

"야, 이 새끼야, 어디 시인과 소설가가 똑 같냐? 너희들 시인이라는 것들이 내뱉는 시 나부랭이가 염소똥이라면, 우리들 소설가가 내놓는 작품은 소똥과도 같은 거야. 임마! 소똥 하나면 염소똥 백 개보다 크고 영양가가 있어 임마! 너 시라고 1,000편을 써봐라. 우리 소설 1편이나 되나. 순전히 염소 같은 것들이 못 하는 소리가 없어. 내가 불쌍하고 가련한 중생들을 구원하기 위해 같이 놀아 주었더니, 이제 맞먹을라고 그래. 맞먹을라구. 야! 시인 새끼들아, 너희들이 염소 아니냐? 염소처럼 '매해 매해' 방정맞게 울어봐라. 우리 소설가들은 한번을 울어도 '음머어' 천지를 진동하는 소리를 낸다는 거야. 임마, 소설가와 술자리를 함께 한다는 것만으로도 너희 시인들은 감지덕지해야 하는 거야. 임마. 야! 술 가져와. 이 새끼들 정신 못 차려서 안 되겠어!"

고려청자를 주고 신춘문예에 당선했다고 소문난 후배가 혼잣말처럼 중얼거린다.

"그 술값은 선배님이 내는 건가요?"

"야! 이 쌔끼가 말을 못 알아듣네. 술값은 시인 나부랭이가 내야지. 임마! 위대한 소설가가 내서야 쓰겄냐? 임마!"

그러자 사이비 시인이라 불리는 백년문학회 회장이 나선다. 동료 시인에게 눈을 찡긋찡긋거리며 간절하게 부탁하는 눈짓이다.

"야, 너, 가만 못 있냐?"

그리고는 곧장 K선배를 향한다.

"선배님, 오늘 술값은 제가 책임진다고 했잖습니까? 마음 놓고 마십시오. 소처럼 크신 우리 선배님은 대접보다 양푼으로 마셔야 할 것 같네요."

그러더니 주방에서 오이를 썰고 있는 주인을 향해 소리친다.

"아줌마! 여기 양푼 다섯 개 준비해 주고, 막걸리를 아예 한 말, 통으로 가져오세요."

워낙 목이 말랐던 K는 오늘 하루는 특별히 봐준다는 식으로 헛웃음이다. 그러면서 양푼 하나 가득 막걸리를 따른다. 한번 입에 대더니 쉬지도 않고 마셔 버린다. 다 마신 후 손바닥으로 쓱 씻어내는 입가에 만족한 웃음기가 흐른다. 그의 웃음에서 '음머어' 소리치는 들소, 어쩜 게으른 황소울음이 묻어나는 것 같다.

5.

선후배 문인들이 모여서, 새로운 모임을 창립하는 게 붐이다. 그러다가 지방의 여러 대학 출신 문인들이 연합체를 갖기로 했다. 거의 모든 문제가 합의되고, 바야흐로 임원선출을 하기에 이르렀다. 추진위원장이 임원 선출에 대한 논의를 시작했다.

"우리 모임을 위해 2년간 봉사하실 분을 선출하기로 하겠습니다. 혹여 있을 학교 간 이전투구가 될 우려가 있어, 학교명 가나다 순서로 돌아가며 임원을 맡기로 이미 결정된 바 있습니다. 그래서 첫 번째로는 가나다대학 출신들 중에서 회장을 선출하게 되었습니다.

해당 대학의 추진위원께 추천을 하도록 부탁드렸습니다. 그 분은 스스로 추천을 포기한다고 하면서, 오래 전에 신춘문예에 소설이 당선되어 화려하게 등단한 K씨와 현재 백년문학회 회장으로 활동하고 있는 H시인을 추천해 주셨습니다.

해당 대학 출신들끼리 스스로 선출을 해 주시면, 저희들은 그에 따르겠습니다. 그러나 자체 선출이 어려울 경우에는 저희들 모두 무기명 투표를 통해 선출하는 방향으로 하겠습니다.

가나다대학의 추진위원께서 동문들과 상의를 하시고, 그 결과를 알려 주시기 바랍니다. 잠시 산회하겠습니다. 차도 마시고, 다녀올 곳도 다녀오시고 그러십시오."

6.

가나다대학의 추진위원이 앞으로 나선다.

"우리 동문들께서 이렇게 많이 참석하셔서 참으로 반갑습니다. K선배님이 우리의 대표로 좋을 것 같습니다. 어차피 선배님이 하시고, 몇 년 후에 다시 차례가 올 때, 후배들이 하면 되지 않겠습니까?"

그러자 K가 나선다.

"사실, 우리가 계속 맡아야지. 다른 대학 출신들은 모두 염소 같은 놈들뿐이잖습니까? 내가 하고 나서, 돌려 줄 것이 아니라, 다시 우리가 해도 됩니다. 다른 대학에야 어디 회장감이 있습니까? 안 그렇습니까?"

그러나 좌중은 조용하다. 말을 한 K만 머쓱하다. 그러자 막내로 보이는 젊은 후배가 나선다.

"사실, 회장이라는 자리는 우리 고장의 문학 발전을 위해 아주 중요한 자리입니다. 나이나 과거의 경력에 집착할 것이 아니라, 정말 우리 고장의 문학 발전을 위해 발 벗고 일할 분을 선출하셨으면 좋겠습니다. 이상입니다."

추진위원이 묻는다.

"그러면 누구를 염두에 두고 한 말씀입니까?"

젊은 후배가 말한다.

"백년문학회를 이끌고 있는 H선배님이 적격이라고 봅니

다. 몇 년 동안에 백년문학회를 전국적으로 성장시킨 것만 보아도 능력은 충분히 검증되었다고 봅니다."

추진위원이 좌중을 둘러보며 입을 뗀다.

"자, 우리 동문들이 정해야 합니다. K선배님께서는 다른 말씀 없으십니까?"

K가 인상을 구기며 나선다.

"참, 더러워서. 나를 어디다 댑니까? 나를 누구 수준으로 끌어내립니까? 그래 백년문학회가 다 무엇입니까? 아마추어들만 우글거리고, 우리들이 황소라면, 그것들은 염소에요. 염소. 어디 거대한 황소와 염소를 갖다 댑니까? 갖다 대기를. 소설가는 황소 같은 작가에요. 작가. 그러나 시인들은 까짓것 아무렇게나 해도 등단하고. 등단을 했다고 해도, 염소똥밖에 더 쌉니까? 싸기를. 더럽습니다. 나로 선택하려면 하고, 그렇지 않으려면 이 모임 자체를 없애든지 하십시다."

그 말을 받아 추진위원이 입을 뗀다.

"글쎄요. 생각 좀 해 보십시다."

그러자 K가 버럭 소리를 지른다.

"생각을 한다는 것이 문제에요. 추진위원인 그대가 그냥 나로 지명했으면, 이런 논의는 없었을 거 아니요! 나중에 두고 봅시다. 나 알기를 우습게 알고, 그리고서도 무사할 수 있다고 생각하시오? 그대는 긁어 부스럼을 만든 것이요. 부스럼!"

"네, 알았습니다. 그러면 백년문학회 H동문도 하실 말씀 있으시면, 하십시오."

"저는 별로 드릴 말씀이 없습니다. 저는 백년문학회 발전에만 심혈을 기울이기도 벅찹니다. 지금은 작품 창작을 않고 있지만, 과거 신춘문예로 화려한 출발을 하신 선배님이 맡으시면 좋을 것 같습니다."

그러자 젊은 후배들이 이구동성으로 나선다. 모두 어이가 없다는 표정이다. 그 중에서 열혈남아로 소문난 후배가 손을 흔들며 앞으로 나와, 추진위원을 가로막는다.

"안 됩니다. 훌륭한 선배님은 우리가 존경하면 됩니다. 그러나 회장은 일을 하는 자리이지, 누구의 체면을 위한 자리가 아닙니다. 일을 잘 할 분으로 선출하면 되는 것이지, 무능한 선배를 위해 능력 있는 후배가 물러서는 일은 말도 되지 않는다고 봅니다. 여기에서 결정이 어려우면 총회에 넘기시기 바랍니다."

추진위원은 난감한 표정이다. 그러면서 아무 말 없이 회의장을 나선다.

7.

추진위원장이 마이크를 잡는다.

"가나다대학의 추진위원이 결정을 내리지 못한 것 같습니다. 신춘문예로 화려하게 등단하신 K소설가와 백년문학회를 전국적인 위치로 끌어올린 H시인, 두 분을 우리 모두는 잘 알고 있습니다. 토론 과정을 생략하고 투표에 들어가겠습니다.

자, 추진위원님들, 투표용지를 나누어 주시지요.

투표용지를 받으신 분들은 그 용지에 두 분 중 한 분의 이름을 기명하십시오. 앞의 출입구 옆에 있는 투표함에 용지를 넣으신 후, 밖으로 나가셨다가, 뒷문으로 들어오시기를 바랍니다.

투표가 끝나면, 바로 개표를 하여 오늘 우리 모임을 정식으로 발족시키도록 하겠습니다."

잠시 후, 개표가 진행되었다. 소설가 K씨가 12표, 백년문학회 H시인이 54표, 확연한 표 차이로 결과가 나왔다.

H시인이 K선배를 찾아가서 머리를 숙이고 인사를 드린다. 그러자 K소설가는 눈에 시퍼렇게 독기를 품고 노려보더니, 휑 회의장을 빠져나간다. 그러면서 또 한 마디 덧붙인다.

"소설가가 황소라면, 시인 나부랭이는 염소밖에 안돼! 염소 똥과 소똥을 똑같이 다루는 너희들은 오래지 않아 후회할 거야. 너희들 일생에서 가장 큰 실수 중에 하나를 저지른 거야. 오늘 나를 잃은 것이 아마도 너희들에게 있어서는 씻을 수 없는 오점이라는 것만 알아두라구. 이 염소똥 같은 놈들아!"

그러거나 말거나, 좌중은 모여서 고장의 문학 발전을 위한 청사진을 짜기에 여념이 없다. 후회할 듯한 사람은 눈을 씻고 보려야 찾아 볼 수 없는 분위기다.

변변찮은 과일이지만

천강여사는 둘째 며느리 꾸엔과 말을 나누다가 실소(失笑)할 때가 잦다. 베트남에서 시집 온 꾸엔이 실수할 때마다 차근차근 가르쳐야겠다는 생각이지만, 무엇부터 가르쳐야 할지 막막하였다. 자주 겪는 것은 주로 의식주(衣食住)와 관련되어 있다.

식사를 할 때마다 배를 잡고 웃을 일이 생긴다. 우리말이 서툴러 몇 마디로 단순화되어 나타나기 때문이다. 하루 세 끼 식사를 하면서, 어른이거나 남편이거나 아이거나 무조건 '먹어'라고 하였다. 하루는 시아버지 생일이어서, 손위 동서와 아침식사 준비를 끝낸 꾸엔이 시어머니에게 다가와 웃으며 상냥하게 말하였다.

"시엄마! 밥 먹어!"

"뭐?"

"시아빠! 밥 먹어!"

"뭐?"

천강여사의 걱정은 이만저만이 아니었다. 오늘은 남편의 생일이라, 목사님과 장로님을 초청하여 오찬 접대가 예정되어 있는 터였다. 그 분들이 곧 오실 터인데, 그 분들에게도 '목사님! 밥 먹어!'라고 하거나, '장로님! 밥 먹어!'라고 하면, 참으로 난감할 일이었다. 그래서 점심식사 시중은 큰며느리가 들도록 하였다.

식사가 끝날 무렵에 손님들이 둘째 며느리를 보고 싶어 하였다. 디저트로 과일을 내놓을 순서였다. 그래서 천강여사는 꾸엔이 있는 주방으로 갔다. 과일은 이미 세 접시에 골고루 담겨 있어 나르기만 하면 되었다. 그 과일 접시를 꾸엔이 들고 가서 인사를 하면 좋겠다는 생각을 한 천강여사는 꾸엔에게 몇 마디를 가르쳤다.

"꾸엔, 과일 접시를 이렇게 들고 가는 거야. 알았지?"

"예, 알았어!"

"알았어가 아니고, 알았어요. 이렇게 해야지."

"응, 알았어요."

하나를 가르치면 잘 하지만, 다른 말에서 바로 문제가 터졌다. 다시 과일 접시를 공손하게 드는 방법을 선보인 후, 임시로 몇 마디만 더 가르치기로 하였다.

"이렇게 말하는 거야."

"어떻게?"

"어떻게가 아니고, 어떻게요? 이렇게 하는 거야."

"어떻게요?"

"이렇게 말하며, 상에 올려놓는 거야. '변변찮은 과일이지만, 맛있게 많이 드세요.' 한번 따라 해봐."

"변변찮은 과일이지만, 맛있게 많이 드세요."

"잘 하네, 그렇게 하면 돼. 한번만 더 해봐."

"변변찮은 과일이지만, 맛있게 많이 드세요."

"됐다. 조금 있다가 내가 부르면 과일 접시를 가지고 오너라."

"예, 알았다."

반말로 하는 대답이 귀에 거슬렸지만, 트집을 잡고 가르쳐도 소용이 없다는 걸 알고 있는 천강 여사는 쓴웃음을 지으며 거실로 나갔다. 손님들이 이구동성으로 둘째 며느리를 보고 싶다고 하였다. 그래서 천강여사는 주방을 향하여 큰 소리로 둘째 며느리를 불렀다.

"애, 둘째야, 과일 좀 내오너라."

하얀 앞치마를 두른 둘째 며느리가 공손하게 과일을 들

고 주방에서 나왔다. 거실에는 상 세 개가 차려 있었다. 어느 상에 먼저 놓을지를 몰라 두리번거리다가 시아버지 시어머니가 앉아 있는 가운데 상으로 갔다. 두 분 맞은편에 목사님과 사모님이 앉아서 미소를 띠고 바라보았다. 그 상 가운데쯤에 과일 접시를 내려놓고 방그레 웃으며, 공손하게 꾸엔이 인사를 하였다.

"변변찮은 목사님이지만, 맛있게 많이 드세요."

"응?"

"변변찮은 사모님이지만, 맛있게 많이 드세요."

"응?"

양쪽 상에 앉아 그 모습을 바라보던 손님들은 크게 웃지도 못하였다. 고개를 숙이고 서로 눈짓을 나누며 킥킥거렸다. 천강여사도 할 말이 없어 '저, 저, 저, 저저저!' 혀를 차다가 민망하여 고개를 돌렸다. 사람들 모두 킥킥거리며 웃자, 꾸엔은 다음 과일 접시를 내오기 위하여 의기양양하게 주방을 향하였다.

수녀

"우리 아이들도 정직과 양심을 스스로 책임질 수 있게 길러야 합니다. 다음 학기부터는 무감독 시험을 치르도록 하겠습니다."

*

1966년 여름, 교무회의에서 안눈시아따 교장 수녀가 내놓은 획기적인 제안이었습니다. 당시 한국 경제는 아시아권에서 가장 힘든 상황이었고, 경제성장의 기초를 다지던 때였기 때문에 양심과 정직보다 능률을 숭상하던 분위기였습니다.

시험 감독을 아무리 강력하게 해도, 학생들은 성적을 올리는 것이 지상목표였기 때문에, 여기저기에서 부정행위가 빈발하던 때였습니다. 교무회의에 참석한 교사들은 대부분 불가능한 일이라고 하거나 침묵으로 일관하였습니다.

그러자 교장 수녀는 시험의 주체가 학생인 만큼, 전적으로 학생들의 의견에 따르겠다고 발표하고 학생들을 만나 숙제를 주었습니다.

"영국 최고의 사학(私學)인 이튼스쿨은 자신이 하는 일에 책임을 질 수 있는 사람으로 육성하기 위하여 모든 시험을 무감독으로 치릅니다. 우리가 바로 그런 일을 하려고 합니다. 우리도 그들만큼 정직할 수 있습니다. 우리도 그들만큼 스스로 책임질 수 있습니다. 그러나 이는 여러분 스스로 의논하고 결정하기 바랍니다. 1주일간의 시간을 주겠습니다."

대부분의 교사들은 학생들이 무감독 시험을 선택하지 않을 것이라고 예상하였습니다. 그러나 안눈시아따 수녀는 학생들의 순수성을 믿고 기다렸습니다. 의외로 학생들은 쉽게 결정하였습니다. 1주일이 아니라, 3일이 지나서 학생 대표들이 교장실로 찾아왔습니다. 상기된 얼굴로 교장실에 들어선 그들은 또박또박 말하였습니다.

"영국의 학생들이 할 수 있다면, 저희도 할 수 있습니다. 교장 수녀님의 뜻을 따르겠습니다."

이렇게 여자중학교에서 시작된 무감독 시험은 여자고등

학교로 이어져 45년의 아름다운 전통을 수립하게 되었습니다. 대학입시가 교육의 중심으로 자리 잡는 세태, 그리고 내신 성적이 이를 좌우하는 현실에서 학부모와 외부의 시선이 곱지 않을 때도 있었습니다. 일부 교육 관계자가 무감독 시험 폐지를 권장하였지만, 이를 극복하고 찬란한 금자탑을 세웠습니다.

*

그 역사적 주인공인 안눈시아타 수녀가 2011년 12월 15일 오후 9시 30분, 향년 77세에 선종하였습니다. 5일 장례를 치르고 12월 19일 오전 9시에 대흥동 주교좌 성당에서 영결하였습니다. 성당을 가득 메운 조문객들은 그 분의 교육 사랑과 선교 사명을 되새기면서 추모하였습니다.

그 분은 영국의 메리워드 수녀가 창립한 예수수도회에 입회하여 수도와 교육 사명에 최선을 다였습니다. 1966년 그 지방 최초로 설립한 초등학교 및 여자중학교를 설립하여 초대 교장으로 참교육을 실천하였습니다. 1973년 대한민국 수도회 독립 관구 승격에 따라 초대 관구장으로 선교의 중심을 이루었습니다.

1989년에는 이스라엘 예루살렘의 [슈미츠 걸스 칼리지] 교장으로 아랍권의 여성 교육을 위하여 1993년까지 봉직하면서 한국인의 아름다운 봉사를 아랍권에 알렸습니다. 이후 유럽에 본부를 둔 수도회 본부에서 동양인 최초로 총장을 맡았고, 그 직책을 수행하면서 교황청의 일까지 감당하였습니다. 그래서 그 분의 영결미사에서 교황청 대사의 조문 낭독 순서가 봉행되었습니다.

최근에는 학교법인 2대 이사장으로 시무하면서, 중국 선교에 지대한 관심을 기울였습니다. 그 분은 가셨지만, 정의롭고 유능한 인간으로 성장시키고자 평생을 헌신한 교육 열정은 오래도록 아름답게 남아 있을 것입니다. 그 분이 가꾼 양심과 정직 교육의 밝은 별이 오래도록 가슴에 남아 있을 것입니다.

반 고흐의 귀

천강 여사는 무애 여사를 만날 때마다 우월감과 자괴감을 함께 느낀다. 남편 덕에 잘 먹고 잘 사는 것은 무애 여사가 따라올 수 없는 행복이다. 그러나 가난한 주제에 많은 사람으로부터 인정받고, 때로는 선망의 대상으로 자리하는 무애 남편을 보면 기가 죽을 때가 있다.

천강 여사는 무애 여사에게 도저히 이해되지 않는 것이 한 가지 있다. 무애 여사는 물려받은 집 한 채밖에 없는 가난쟁이다. 생활이 죽 끓는 경우가 대부분이었는데도, 한 번도 얼굴을 찡그리는 법이 없다. 이름 없는 시인과 결혼한 무애 여사는 가난과 결혼한 것이나 마찬가지였다.

그 남편은 없는 집안 살림에 시집을 낸다고 무애 여사에게 손을 내미는 거였다. 무애 여사는 바느질을 하거나, 파출부를 해서 생활하고 남은 돈을 저축했다가, 고스란히 내미는 거였다. 그러나 그 시집은 팔리지도 않고 친지들끼리 나누어 보는 것에 그치곤 했다.

그런 시인인데도 신문에는 작품과 얼굴이 실렸다. 라디오 방송에는 한때 고정 출연을 하기도 했다. 텔레비전에도 가끔 나와서 문학과 예술에 대해 말하곤 했다. 천강 여사는 참으로 이해할 수가 없었다. 세상에 수신제가도 못하는 사람이 무슨 염치가 있어 저렇게 얼굴을 내밀까? 천강 여사는 친구인 무애 여사가 겪은 고생을 생각하며, 그 남편을 더욱 무시하고 싶었다.

"얘, 무애야!"

"귀 안 막혔다. 잔잔하게 말해라. 우리 선생님 건넌방에 계신다."

"뭐? 우리 선생님!"

"조용히 하라니까!"

나지막하고 위엄이 느껴지는 단호한 목소리였다. 보기 힘든 무애의 어조를 새삼 느꼈다. 그러면서 좀 배알이 꼴렸다. 남자가 일도 않고 집에서 빈둥빈둥 놀기만 하면서, 글을 쓰는지 잠을 자는지 알 수도 없는데, 그 사람 귀에 거슬릴까 봐서 조용히 하라니?

"얘, 돈도 벌어오지 않는 남편을 왜 그냥 두누?"

"얘는? 조용히 좀 하라니까!"

"너네 남편 낮잠 자는데, 깨울까봐 걱정이니?"

"어제 저녁 내내 한 잠도 못 주무셨다니까. 그래서 지금 주무셔야 한다니까!"

"지금 낮잠을 자? 나가서 일을 해도 모자를 판에! 저런 저런…"

무애 여사는, 씩씩거리는 천강 여사의 손을 잡고 안방으로 들어갔다. 그러면서 제발 조용히 해달라는 표정을 지었다. 얼마나 간절한지 천강 여사도 참기로 했다. 그리고 그렇게 사는 친구 무애 여사가 정말 싫었다. 세상이 얼마나 바뀌었는데! 무애는 남편을 만났을 때부터 지금까지 남편을 선생님으로 부르며, 그야말로 극진히 모셨다.

돈 한 푼 벌어오지 않는 남편이지만, 존경과 사랑으로 모셨다. 뿐만 아니라, 애들에게도 아버지를 존경하게 교육시켰다. 그래서 아버지를 존경하고 사랑하는 모습을 보였다. 애들도 아버지의 가난을 자랑스럽게 수용하는 눈치였다. 그래서 그런지 애들은 모두 속칭 일류대학에 합격하여 자신을 포함한 이웃들이 부러워하였다. 그것 하나만은 돈이 많은 자신보다 나은 것 같았다. 그 생각을 할 때마다 부아가 일어나기도 했다.

"무애야! 나는 네 남편이 도대체 이해가 안 된다."

"이해하려고 애쓰지 마라. 나만 이해하면 돼. 내가 편하고 행복하면 되는 것 아니니?"

"그렇긴 그렇다만, 네가 한번 네 남편에 대해 설명해봐라."

"귀를 자른 '반 고흐'라는 화가 얘기 들어보았어?"

"들어는 보았지."

"예술 창작의 고통을 어느 정도 이해할 수 있는 얘기야. 우리 선생님과 비교할 수는 없지만, 창작하는 시인의 예술가적 고통을 이해하니까, 옆에서 시중을 잘 들어야 하는 거야. '반 고흐' 얘기를 한 번 해줄까?"

"그래, 한번 듣자."

*

지난 번 빈센트 반 고흐의 그림 한 장이 화제가 된 적이 있었지. 세계에서 가장 비싼 작품, "의사 가세의 초상"이 행방불명되었기 때문이지. 그 작품은 1990년 뉴욕 크리스티 경매장에서 7,500만 달러, 우리 돈으로 840억 원이라는 엄청난 가격으로 일본 사업가에게 팔렸는데, 그 소유주가 죽은 다음에 행방이 묘연해졌다는 거야.

그때 대규모의 고흐 초상화전을 기획한 미국 보스턴 미술관 측은 세계를 돌며 "의사 가세의 초상화"를 찾았으나

끝내 나타나지 않았지. 만약 고흐가 살아서 이 말을 듣는다면, 그의 표정은 어땠을까? 고흐는 나이 30살에 화가의 길을 시작하여, 약 7년간 879점의 작품을 창작했지. 그러나 팔린 작품은 단 1점뿐이었어.

고흐는 네덜란드에서 목사의 장남으로 태어났지. 그런데 그는 자기 이름을 갖지 못했어. 그가 태어나기 1년 전에 죽은 형의 이름이 '빈센트 윌렘 반 고흐'였는데, 그는 평생 형의 이름으로 살았지. 아무 상관이 없었으나, 형에 대한 죄책감은 그의 영혼을 무던히도 괴롭혔지.

그는 목사가 되려고 했으나 실패했고, 전도사가 되었으나 아무 데서도 인정받지 못했지. 그래서 그는 서른 살에 화가의 길에 들어선 거야. 정규 미술 교육을 받지 못했기 때문에 화단에서도 인정받지 못한 그는 순전히 오기 어린 정열, 무시무시한 열정만으로 그림을 그렸지. 생활비는 화랑에서 일하는 동생으로부터 지원 받고. 말하자면 동생에게 빌붙어 살았다고 할 수도 있지. 그가 동생에게 보낸 편지 대부분은 "물감을 살 돈이 없다. 조금만 더 돈을 보내다오. 제발."과 같은 사연으로 채워져 있었다고 해.

1887년에는 동료화가 고갱과 함께 남 프랑스 "아를"에서 생활하기도 했지. 화가들이 공동생활을 꿈꾸고 의기투합한 이들이었지만, 같이 살면서 예술가들만의 미묘한 갈등이 일어나곤 했지. 그러다가 동거 9주만에 고흐는 갑작스레 발작을 일으켜 자신의 귀를 면도날로 잘라내고 말았단다. 정말 기가 막힐 노릇이지 않니?

고갱은 짐을 챙겨 "아를"을 떠났고, 고흐는 생레미의 정신병원에 수용되기도 했지. 그후 나았다가 더했다가, 정신이 오락가락했으나, 끝내 정상으로 돌아오지 못하고 정신병원을 전전하다가 1890년 그 유명한 작품 "까마귀가 나는 보리밭"을 남기고 권총으로 가슴을 쏴서 자살을 하지.

그때 그의 나이, 37세, 누구에게도 인정받지 못했던 불행한 화가의 종말이었지. 그가 동생에게 남긴 마지막 편지에는 이런 말이 써 있었어.

〈그래, 나만의 일, 그것을 위해 내 삶을 위험에 몰아넣었고, 그것 때문에 내 이성의 절반은 암흑 속에 묻혀 버렸다.〉

그러나 그는 죽은 후, 세계에서 가장 유명한 화가였고, 그의 작품은 세계에서 가장 비싼 값에 거래되는 작품이 되었지. 물론 세상 예술가가 모두 죽은 다음에 유명해지는 것은 아니지만, 우리나라의 윤동주 시인을 보아도 그런 것을 알 수 있지. 그는 죽기 전에는 시인으로 인정받지도 못했고, 유고 시집 1권으로 인해 우리나라에서 가장 사랑받는 시인으로 자리하고 있잖니?"

천강 여사는 끝이 없는 무애 여사의 말에 넋을 잃었다. 바느질이나 하고, 가끔 책이나 보던 친구의 입이 열리자, 놀라운 말들이 술술 쏟아져 나왔다. 그래도 비위가 거슬리는 것은 어쩔 수 없었다.

"얘, 그래도 가난한 것보다는 돈이 있는 게 낫다 뭐!"

"아, 그럼, 돈이 있어야 살아나가지. 애들도 가르치고."

"그럼, 가난뱅이 너희 남편도 죽으면 유명해질 거니?"

"이런 못된 친구가 있나? 말도 안되는 소리! 그런 소리 하려거든, 어여 집에나 가라구, 어여!"

"얘, 미안, 미안. 화를 내지 말구. 궁금해서 그런 거야. 비꼬는 것이 아니라, 정말 몰라서 그런다구."

"화를 내서 미안하다. 우리는 그렇게 절박하지 않단다. 우리는 불행한 적이 한 번도 없었잖니? 물려받은 집이 있어, 집 걱정을 해보았니? 바느질이나 파출부 일이 끊어지지 않았으니, 먹고 살 걱정이 있었겠니? 우리 선생님께서 아직도 건강하시니, 뭐 걱정이 있었겠니? 아이들 건강하게 학교 잘 다니고 있으니, 뭐 걱정이 있었겠니? 남들이 보면, 뭐가 그리 행복하겠는가 할 수도 있지만, 우리 네 식구는 정말 행복하단다. 우리가 행복하니 되었지 않니? 친구야!"

"하긴 그렇다. 자기들이 행복하면 그만이지 뭐!"

"그래서 걱정이다. 우리 선생님은 우리 걱정이 없으시니까, 나라 걱정을 하시고, 사회 걱정을 하셔서 밤새 잠을 이루지 못하고, 좀 전에야 잠이 들으셨구만. 우리 걱정을 하면, 내가 걱정을 풀어드리겠는데, 나라 걱정이나 사회 걱정은 높은 나리들 몫이니, 내가 풀어드릴 수가 없구나. 글쎄."

천강 여사는 자동차도 드나들 수 없는 무애 여사네 집 골목을 나오면서, 자신의 부유함을 새삼 느꼈다. 그렇지만, 돈 벌 궁리만 하고, 남의 돈마저 빼앗으려고 눈에 불을 켜는 남편의 사업 수완이 예전처럼 자랑스럽지 않은 것이 이상했다.

*

도리질을 하면서 자동차 리모콘을 켰다. 삐삐삐. 소리를 내더니 시동음이 들렸다. 아니야. 이게 편해. 자동차도 못 들어가는 옴팡진 집에 사는 것이 뭐가 그리 자랑스럽누? 뻥 뚫린 고속도로나 달리자. 천강 여사는 엑셀레이터를 힘차게 밟았다.

일초 만화경

입가에 잔잔한 미소를 띠운 일초 스님이 무애 기자와 천강 기자를 바라보았다. 입술이 열리기 시작하자, 표정과는 달리 무게를 실은 목소리였다.

"무애 부장님, 한미일 정상이 만난다고요?"

"그렇습니다."

"천강 기자님, 우리나라가 약소국가여서 할 말이 별로 없을 것 같다고요?"

"그러지 않을까요?"

"대한민국에서 기자들은 안테나와 같은 분들이 아니던가요? 최첨단 레이더가 아니던가요? 그런 분들이 대안을 내놓지 못하다니, 그래서야 대한민국이 제대로 나아가겠습니까? 답답합니다. 답답해요."

조용하지만 단호한 말씨였다. 얼굴에 나타나지는 않지만, 마음을 다스리려는 것일까, 식은 녹차를 마시고 다시 말을 이었다.

"일본 아베에게는 간단하게, 그리고 강하게, 때로는 단호하게 말해야 합니다."

두 사람은 일초 스님의 얼굴을 응시하였다.

"한국의 젊은이들을 일본군에 편성하기 위해 강제로 연행하지 않았느냐? 한국과 중국, 그리고 일부 아시아 지역의 어린 여성들을 군 위안부로 강제 연행하지 않았느냐? 관동대지진 때 한국 교포들을 무참하게 학살하지 않았느냐? 731부대를 만주에 보내어 수많은 한국인과 중국인들을 마루타로 실험하는 악행을 저지르지 않았느냐?"

천강 기자가 얼른 말을 받았다.

"모두 부인하면 아무 소용이 없는 일이지 않을까요?"

"모두 부인하기를 기다리면 되는 것이지요. 중국의 고사 '사지(四知)'를 인용하는 것입니다. 둘이 한 일을 한 쪽에서 부인할 때, 혹은 잘못한 일을 감출 때 쓰는 말이지요. 첫째는 내가 알고, 둘째는 네가 알고, 셋째는 하늘이 알고, 넷째는 땅이 아는데 어찌 거짓말을 하느냐. 명명백백한 일을 아니라고 우기는 것은 손가락으로 하늘을 가리는 거와 무엇이 다르냐? 이렇게 말해야 하지요."

무애 부장이 조용히 거들었다.

"그래도 부정하면 어떻게 해야 합니까?"

"그때는 일본이 추모하는 원폭 피해 상황도 미국의 책임이 아니라고 해야지요. 트루먼 대통령의 재가를 받아 일본의 두 곳에 원자폭탄을 투하하여, 무조건 항복한 일본이지 않습니까? 그 이후에 수많은 추모행사를 하고, 미국으로부터 사과를 받고, 보상도 받지 않았습니까? 이처럼 명명백백한 일이지만, 일본의 아베처럼 하면, 미국이 한 일이 아니라고 하면 어떻겠습니까?"

눈을 깜빡이던 천강 기자가 신나는 말을 들은 것처럼 두 눈을 반짝이며 손뼉을 쳤다.

"참 좋은데요. 그렇게 하면 되겠네요."

그러자 무애 부장이 말을 끊었다.

"그래도 아베는 수용하지 않을 것 같습니다."

미소를 지으며, 일초 스님은 식은 차 한 잔을 다시 마시며 말을 이었다.

"그때는 미국의 대통령에게 묻는 것이지요? 미국이 일본에 원자폭탄을 투하한 것이 맞느냐? 전쟁 때에 피할 수 없는 상황에서 선택한 일이지만, 인도적 측면에서 사과를 하지 않았느냐? 또한 그 사실을 인정하고, 치료를 위해 최선을 다하였고, 보상도 하지 않았느냐? 미국에 대한 입장이

훼손되더라도 일본인들의 추모행사를 방해한 것은 아니잖느냐?"

천강 기자가 말을 받았다.

"모두 인정하지 않을까요?"

무애 부장도 뒤를 이었다.

"그것은 사실이고, 모두 인정하더라도 일본의 아베가 자신들의 일을 부정할 터인데요."

일초 스님이 미소를 띠며 말을 이었다.

"그때 미국의 대통령에게 말을 하는 것이지요. 일본이 한국과 중국, 그리고 아시아 여러 나라에 한 일도 모두 사실이다. 이미 여러 번 사과를 하였고, 일본의 왕도 통념(痛念)으로 유감을 표한 적도 있고, 전직 일본의 총리들도 담화를 발표하였지 않느냐? 그 사실들이 잊혀 가거나, 그 증거들이 조금씩 사라져 가고, 그 증인들이 별세하여 줄어가는 것을 알고, 모든 사실을 부정하는 것이 일본이지 않느냐? 그 가운데에 아베가 있지 않느냐? 미국도 일본의 거짓과 부정으로 가득한 일본을 직시해야 하지 않겠느냐? 이렇게 말해야 합니다. 그것도 단호하고 강력하게 말해야 하고, 국제 언론에 그대로 발표해야 합니다."

두 사람도 일초 스님을 따라 식은 차를 마셨다.

과일인지 채소인지

천강 여사는 핸드백을 들면서 눈썹을 가다듬었다. 원래 없는 눈썹이 매만진다고 돋아날 리도 없고, 원래 짧은 눈썹이 매만진다고 자라지도 않을 터였다. 그러나 시절이 하 좋은 시절이라, 천강 여사는 긴 속눈썹을 붙이고, 거리를 활보하는 것이 취미 중의 취미였다.

"오늘은 무애의 코를 납작하게 만들리라."

핸드백을 든 손에 힘을 주며, 차 문을 열었다. 무애 여사네 대문을 발로 밀면서 들어섰다.

"누구세요?"

"……."

"천강인가? 왜 말이 없어?"

"그래, 나다. 왜, 말없는 것이 나쁜이냐?"

"아니, 그렇다는 거지 뭐. 어, 눈썹 예쁜 걸 달았네. 참 예쁘다, 얘!"

"그래? 정말 예쁘니?"

"그럼, 영화배우 같다 얘!"

천강 여사는 방안을 휘돌며 패션모델 흉내를 내었다. 파를 다듬고 있던 무애 여사가 일거리를 물리고 재미있다는 듯이 쳐다보았다. 천강의 시위가 끝나고, 소파에 앉으며 호들갑을 떨었다.

"칭찬해 주었으니, 오늘 점심은 내가 쏜다! 좋지?"

"그러렴, 오늘 잔치하겠다."

"참, 그것은 그렇고, 무애야. 우리 애들이 이런 것을 묻고 재미있어 웃더라. 너는 알려나?"

"무엇인데, 그래."

"여자를 과일에 비유하는 거라는데. 10대는 풋밤이라던가, 깔 때만 무진장 고생하지, 먹을 게 별 것이 아니라던가! 비린내가 나서 그렇다던가?"

"그것도 있고, 호도라고도 하지. 깔 때 힘들지만, 먹을 때 고소하거든."

"참 그렇겠다. 그 다음, 20대는 복숭아라고 하던가? 겉도 빨갛고 속도 빨갛다고 해서 그렇다고 하나봐."

"응, 무화과라고도 하지. 단물이 그냥 솟아나거든."

"그래? 30대 여성은 수박이라고 하던가? 칼만 대면, 쩍 벌어진다던가? 또 다른 과일 생각나는 것 있니?"

"수박은 과일이 아니고, 채소인데. 수박과 같은 그런 과일이 있기야 있겠지. 그런데, 우리들 40대 여성은 뭐라고 하니?"

천강 여사는 실눈을 뜨고 무애 여사를 바라보았다. 이 여자가 정말 몰라서 묻는 것인가? 아니면, 나를 떠보려고 그러는 것인가? 표정만으로는 알 수가 없었다. 그렇다면, 이 여자가 정말 몰라서 그러는가? 그렇다면, 이제 꼼짝 없이 무애 너는 나에게 진 것이다.

"글쎄, 석류라고 그러더구만."

"석류? 왜 석류래?"

"응, 석류는 건들지 않아도 때가 되면, 쩍 벌어진다고 하더구만."

"얘, 그것은 알밤이나 호도 역시 같은데, 뭐!"

"그러고 보니, 그러네. 어떻든 40대 여자는 가만둬도 쩍 벌어지는 석류래. 애들이 그러던 걸 뭐."

"너는 애들하고도 이런 얘기를 하니?"

"얘는, 지들끼리 시시덕거리다가, 내가 물어보니까 말해주더라."

"그래도 너무 하는 것 아니니?"

"얘, 이런 얘기는 관두자. 남은 50대 여성에 대하여 말해 봐!"

"50대도 들어가니? 나는 50대가 되면, 다 끝나는 줄 아는데. 잘못 알고 있나?"

"그래서 50대는 토마토란다. 과일인지, 채소인지 모르기 때문이래."

"호호호, 그럴 듯하다. 그럼 60대 여성은?"

"글세, 요즘은 먹지 않는 고욤이란다. 고욤은 가을에 따서 단지에 넣어 두었다가, 겨울에 수저로 퍼먹는데, 그렇게 시다더라. 시금털털하고 먹기가 정말 힘들다더라."

"시다면, 모과가 더 신데?"

"그래! 모과라고도 하더라. 모과가 과일전 망신을 시키는 것이라면서?"

"그래도 약용으로 얼마나 유용한데, 자주 먹을 수는 없어도, 꽤 유용하다구!"

천강 여사는 무애 여사의 말을 듣다가, 무언지 모를 암시 때문에 배꼽을 잡고 웃었다. 왜 웃는지 모르는 무애 여사도 천강 여사의 몸짓을 흉내 내면서 웃어제꼈다. 정말 오랜만에 함께 웃어보는 동창 사이였다. 천강이 몸을 흔들다 보니, 눈썹이 떨어져 벌레처럼 붙어있었다. 무애 여사도 재미있는지, 눈썹을 집어 던지고 날리며 야단이었다. 무애 여사가 갑자기 물컵을 들면서 외쳤다.

"우리, 석류의 건강과 행복을 위해!"

"머잖아 토마토 인생의 시작을 서러워하며, 자, 건배!"

"얘, 토마토 인생은 잊어버리자. 다만, 석류의 인생을 위하여, 건배!"

"그래, 건배! 건배!"

두 여성이 건배를 외치고 있기 때문인지, 뜨락의 석류는 햇살 따뜻한 초가을에 누가 건들이지 않아도 벌어지고 있었다. 과일인지 채소인지 모를 토마토 인생을 눈앞에 둔 그들은 오늘만으로도 행복했다.

용기 있는 젊은이

천강 여사는 무애 여사의 말에 귀를 기울이고 있었다. 무애 여사가 시골에 다녀오면서 본 일인데, 이기주의로 가득한 현대에서 보기 드문 일이었다. 그런 사람들이 보이지 않는 곳에서 살고 있기 때문에 이 세상이 굴러가는 것 같았다. 승용차를 고집하는 천강 여사는 그런 경험을 할 수 없는 통에 옛날을 생각하면서 들었다.

*

무애 여사가 시골 친정에 다니러 가는 길이었다. 날은 어스름이 깔리는 저녁나절, 토요일이면서 초하루 장날인지라 정류장은 막차라도 사람들이 웅성거렸다.

무애 여사는 부지런히 버스에 올라 가운데 쯤 오른쪽 자리, 출구 바로 앞자리에 앉았다. 오랜만에 와보는 고향길이라 아는 사람이라도 만날 수 있을까 유심히 사람들을 바라보고 있었다. 팔다 남은 것인가 무우 몇 단을 담은 광주리를 든 할머니가 행선지 표지를 보고 버스 입구로 다가왔다.

"이 차, 마곡사 가는가유?"

"안 가요."

버스 기사는 귀찮다는 듯이 말했다.

그런데 이상했다. 마곡사 행이라서 올라온 무애 여사는 고개를 갸웃했다. 낙담한 듯이 할머니는 다시 앞으로 가서 행선지 표지를 읽고 또 왔다. 그리고는 운전기사를 향해 물었다.

"이 차, 마곡사까지 가는감유?"

"안 가요. 글쎄!"

화를 덜컥 내는 운전기사의 인상에 할머니는 무춤했다. 그렇지만 다급한지 다시 물었다.

"마곡사 가는 막차는 어디서 출발한대유?"

"몰라요!"

무애 여사는 그 할머니가 불쌍했다. 그래서 버스 기사에게 무어라 말하고 싶었지만, 그 인상과 말투를 보고서는 엄두를 내지 못했다.

그때 건너편 자리에 앉았던 매끈한 차림의 여자-처녀인

지, 아줌마인지 모를-가 버스 앞, 운전기사를 향해 나섰다. 그리고는 기사에게 물었다.

"이 차, 마곡사행 아니에요? 마곡사행 맞지요?"

"왜 그래요?"

"맞는데, 왜 저 할머니에게 마곡사행이 아니라고 하세요?"

"아, 참! 괜히 나서시네. 저런 할머니는 집을 나온 치매 환자가 틀림없어. 내리지도 않고, 아주 골치가 아프다구. 그런 일이 한두 번이 아니야. 낸들 어쩌겠냐구!"

"그러세요? 그럴 땐 그런 것이구. 손님은 손님이잖아요? 태워드려야지요?"

당돌하고 똑 떨어지는 소리에 버스 기사도 입을 다물었다. 그도 집에 가면 부모님이 계실 것이고, 아내와 자식이 있을 터였다. 오죽하면 그럴까 생각을 했지만, 괘씸한 것은 어쩔 수 없었다. 왼쪽 창으로 고개를 돌린 버스 기사가 미우면서도 안타까웠다.

말씨름을 하는 두 사람을 빤히 쳐다보고 있던 할머니가 얼른 올라섰다. 기다리던 여자는 할머니를 자기 자리에 모시고 가서 앉게 했다. 할머니는 사양하다가 자리에 앉아 그 여자를 올려 보았다. 아마 할머니 눈에는 그 여자가 부처님이나 예수님보다 더 고마운 분일 게다.

“고마워요. 아가씨.”

“아닙니다. 그런데 왜 이렇게 늦으셨어요?”

“농사 진 채소를 이구 와서 팔다가 다 팔지 못해 손님을 기다리느라 이렇게 늦었구만요.”

“아, 그러셨어요?”

“고마워서 이 무우는 드릴 테니께. 갖구 가세요. 누구신지 모르지만, 너무 고마워유.”

“아니에요. 댁으로 갖고 갔다가, 내일 다시 파세요.”

할머니와 그 여자는 이런 저런 얘기를 나누었다. 그러다가 버스는 상서리를 지나고, 우성 삼거리를 지나고, 사곡에 이르렀다. 할머니는 그 여자에게 자기는 여기에서 내린다고 하면서 일어났다. 그리고는 무우 몇 개를 발끝에 두고 내리면서 그 여자에게 꼭 가져가라고 당부했다. 버스에서 내린 할머니는 금세 어둠 속으로 사라져 보이지 않았다.

*

무애 여사는 마곡사 정류장에 도착하기 전에 내려야 하기 때문에 그 여자가 무우를 가지고 내렸는지, 그냥 내렸는지는 알 길이 없다. 그렇지만, 무애 여사에게 그 여자는 정말 용기 있는 사람이었다. 버스 기사가 할머니를 태우지 않으려고 했을 때, 나서지 못한 자신이 부끄러웠다.

무애 여사는 말을 하면서도 그 광경을 아련히 떠올렸다. 세월이 가면서 허리가 굽어지는 친정어머니의 모습이 아른거렸다. 천강 여사를 바라보는 눈길도 그윽했다.

그런 모습을 지켜보던 천강 여사가 입을 열었다.

"애, 무애야! 그런 상황에서 어떻게 나섰다니?"

"그러니 용기 있는 사람이지. 남자도 나서지 않을 정도였는데, 여자가 나서다니."

"요즘은 여자가 남자보다 낫다, 뭐!"

"그래! 나도 그렇게 생각해!"

오랜만에 의견의 일치를 본 두 사람은 마주보며 웃었다. 씽크대에서 커피 내리는 냄새가 거실까지 퍼졌다. 감미로운 커피 향을 맡으며, 여자라는 것이 행복한 시간이었다. 문 밖에서는 잎을 떨군 감나무에 홍시가 주렁주렁 매달려 있었다.

양말과 방향제

"아빠! 아빠는 왜 그 양말만 신으세요?"

초등학교 2학년 딸 영선이가 물었다.

"이 양말만 신는 게 아닌데, 비슷한 모양이 여러 켤레라서 그렇지. 매일 다른 양말을 신는데."

TV를 보고 있던 천강 사장이 미소를 띠며 대꾸하였다.

"그 양말 싸구려라고 하던데요. 아빠는 싸구려만 좋아해요?"

"누가 그러던?"

"고모가 그랬어요."

"네 고모가 실없는 소리를 했구나."

같이 앉아 TV를 보고 있던 사모님도 한 마디 하였다.

"좋은 양말이 선물로 들어와도, 그 양말은 영빈이에게 다

주고, 당신은 늘 그 양말만 신는 게 이상해요. 값이 싼 양말이어서 그런지, 그 양말은 떨어지지도 않아요. 정말 사연이 있는 것 같아요. 이제 용서할 테니, 고백하세요. 도대체 누구예요? 그 양말의 당사자가!"

천강 사장은 빙그레 웃었다.

"해마다 양말 몇 켤레를 가지고 오면서, 당신에게 이야기를 했는데. 잊었어요? 그러면 안 되는데, 아직 아이들도 어리고, 아직 할 일도 많고, 아직 나 혼자는 못 사는데."

"그럼 내가 치매예요?"

소리 지르는 아내를 바라보다가, 자신도 모르게 큰 소리로 웃었다. 그러다가 갑자기 아내의 눈치를 살피며, 급히 웃음을 거두어들였다. 천강 사장이 난감한 표정을 지었다.

*

3년 전의 일이었다. 추석을 며칠 앞두고 여학생이 문을 열었다. 작은 가방을 들고, 사무실 안으로 숨어들었다. 직원들이 말릴 새도 없었다. 그 학생은 다짜고짜 천강 사장 앞으로 걸어왔다. 문 앞의 비서가 자리를 비운 사이에 그 학생이 들어온 것 같았다. 뒤에서 그 학생을 부르는 비서의 목소리가 들렸지만, 그 학생의 행동이 좀 빨랐다.

"사장님, 양말 좀 사주세요. 세 켤레에 만 원이에요."

그를 바라보는 눈빛이 맑았다.

"학생인가?"

"예. 고등학교 1학년입니다."

"무엇을 파는데?"

"양말하고, 방향제를 팔고 있습니다. 양말은 세 켤레에 만원이구요. 방향제는 두 개에 만원입니다. 주머니에 볶은 커피를 넣은 것이어서, 자동차 안에 두면 커피 향기가 은은하고 좋습니다."

"본인이 직접 차에 두어 보았나?"

"저는 차가 없어, 실험해 보지 못하였습니다. 물건을 대어 주는 가게 사장님이 그렇게 설명해 주셨습니다."

"그래? 그렇다면, '향기가 좋습니다.'가 아니라, '향기가 좋답니다.'라고 말하는 게 올바른 표현 같은데, 어떤가?"

"죄송합니다. 그렇게 말씀드려야 합니다. 앞으로는 그렇게 하겠습니다."

"그래? 내가 무엇을 사주면 되겠는가?"

학생과 대화를 하는 동안 사무실 문 밖에서는 발을 동동 구르는 기색이 완연하였다. 비서가 그러할 것이고, 비서의 연락을 받은 경비실의 오반장이 올라와 사장실 안의 기색을 살피고 있을 터였다.

"이 장사를 오래 하였나?"

"아닙니다. 금년에 처음 시작했습니다. 아마 내년에도 해야 할 것 같습니다. 후년이면 고3이지만, 그때까지는 해야 할 것 같습니다. 대학에 들어가면 어떨지 모르겠습니다. 저는 야간 고등학교 학생입니다. 여름에서 가을로 계절이 바뀔 때에는 아르바이트 자리를 구하기 어렵습니다. 추석을 앞두고, 편찮으신 어머니께서 추석 준비를 못 하셔서 이 일에 나섰습니다."

"알았다. 2만원이면, 양말과 향주머니를 주는 거지?"

"예. 감사합니다!"

"돈은 내고, 학생 물건은 받고 싶지 않지만, 그것이 학생에게 좋은 일인지 모르겠다. 내 생각에는, 학생은 정당하게 팔고, 나도 물건을 사는 것이 바른 것 같아. 두 가지를 내가 사지!"

"감사합니다. 고맙습니다."

가방을 연 학생이 양말 세 켤레와 향주머니 두 개를 꺼냈다. 천강 사장은 일어서서 양말을 받았다. 양말과 향주머니를 받으며, 천강 사장이 물었다.

"학생, 이름이 무엇이지?"

"저는 정보고등학교 1학년 이은지입니다. 고맙습니다."

"학생, 한글 읽을 줄 알지?"

"예?"

"내년에 우리 회사에 오게 될 일이 있으면, 숨어 들 듯이 몰래 들어오지 말고, 당당하게 경비실로 가서, 이 책상 위 내 명패의 이름을 말하고, 1년 전에 만날 약속을 했다고 하게. 믿지 않으면 나에게 전화를 돌려 달라고 그러게. 그러면 나에게 또 팔 수 있을 거야. 내년에도 이 사업을 하려면 내 이름을 꼭 알아 두는 게 좋을 거 같은데, 어때?"

말 뜻을 알았는지, 이은지 학생은 천강 사장의 명패를 여러 번 읽으며, 입으로 되새기는 것 같았다.

*

1년 뒤, 추석을 며칠 앞둔 어느 날 그 학생이 찾았다. 그때도 양말과 방향제를 샀다. 방향제는 비서와 기사에게 나누어 주었다. 남자 양말은 혼자 신었다. 질기고 튼튼하였다. 다른 양말은 구멍이 나거나, 목이 늘어나 버릴 때에도 이 양말은 그 모습 그대로였다. 이제 양말이 9켤레가 되었는데도, 아직 구멍 난 양말이 없었다.

'머잖아 추석인데, 대학생이 되었을까? 대학생이 되었어도 그 장사를 할까?'

숙녀로 성장하였을 이은지 학생이 궁금하여 달력을 바라보던 천강 사장의 입가에 밝은 미소가 번졌다. 큰 아들 영빈이와 동갑인 그 학생이 기다려졌다.

춘야일사(春夜逸事)

"선생님, 너무 변하셨어요."

졸업한 지 십여 년 만에 결혼을 알리면서 불쑥 나타난 K의 호들갑스런 말에 그는 작은 잔을 떨어뜨릴 뻔하였다. 평소에 자신을 보면서, 하나도 변하지 않았다고 생각했는데, 변해도 많이 변했는가 보다. 하긴 20대 후반에 만나고 불혹을 코앞에 두었으니 K의 눈에는 할방구로 보이는 것도 당연하였다.

"눈가에 잔주름이 생기고요. 배도 나오셨어요. 꽃 아저씨 같애요. 후후!"

재미있게 웃으면서 같이 온 신랑감을 바라보는 K에게 '변해도 너무 변한 것은 바로 너'라고 한 마디쯤 하고 싶은 것을 꾹 참았다.

K는 재기가 똑똑 떨어지지는 않았지만 우직하게 공부하였다. 탄복할 만큼 예쁘지는 않았지만 수수하고 귀여웠다. 호들갑스럽거나 간드러지지 않았지만, 언제나 맑은 눈빛과 다소곳함으로 정이 가는 아이였다. 그래서인지 나도 특별히 관심을 갖지도 않았고, 자연스러운 사제(師弟) 관계였다. 졸업 후 찾아올 때까지 10여 년을 까마득하게 잊었던 얼굴이었다. 그런데 망각의 껍질을 거두고 나타나서 앞에 앉아 웃고 있었다.

"선생님, 선생님께서 저에게 예쁘다고 하셨잖아요!"

"으흥?"

"제 하얗고 가지런한 이가 예뻐서 복 받겠다고 하셨잖아요! 그런데 글쎄, 이이도 제 이가 예뻐서 프러포즈를 했대요. 후후후…."

생각해 봐도 도무지 기억에 없는 일이었다. 다른 곳이 예쁘지 않으니, 아마도 '이'를 칭찬한 것 같은데, 10여 년 찌든 세월에 아마 기억의 파편이 묻혔나 보다. 다시 보니 예쁘고 가지런함이 틀림없을진대 미상불 칭찬하기는 했을 터였다. 그러나 재차 살펴보니, 웃는 얼굴 모두가 장미처럼 예뻐 보이니 청춘은 청춘일 터였다.

"선생님, 약주 받으시지요."

굵은 음성이 사념의 맥을 끊었다. 가지고 온 법주 한 잔을 두 손으로 권하는 청년을 바라보며 나는 참으로 기꺼웠다. 주는 잔과 가는 잔이 몇 번인가 돌았다. 그러면서 지난날의 일들이 미안하게 떠올랐다.

"여학교에서 교편을 잡으면 뒤가 없어요."

술좌석에서 안타까움을 토로하는 선배 선생님께 나 역시 맞장구를 쳤다.

"시내에서 마주쳐도 인사조차 않아요."

눈시울을 붉히는 대로 나 역시 동조했다.

그러나 때가 바뀌면 인심도 바뀌는 법일진대, 이제 여학교의 제자가 제자노릇 제대로 할는지. 핵가족화가 되면서, 아들 낳으면 버스 타고, 딸 낳으면 비행기 탄다는데, 혹시 여학교 제자가 비행기 태워줄지 누가 알겠는가. 그렇게 되지 않아도 좋을 터였다. 오늘 이렇게 두 사람에게 법주 한 잔을 대접받지 않아도 좋을 터였다. 사랑은 내리 사랑이라 했으니, 조그만 사랑, 눈에 보이지 않을 아주 쬐그만 사랑을 주는 것으로 만족할 터였다. 그러나 금상첨화라는 말은 오늘을 일러 말함일 터였다.

"선생님, 저희 동네어귀에 있던 성황당이 없어졌어요."

"으응, 그래?"

"선생님께서 그러셨잖아요. 성황당에 돌을 많이 쌓아야 멋진 남편을 얻는다구요. 그런데 그 성황당이 없어졌어요.

그래 이이처럼 못생긴 남자를 만났는가 봐요. 후후후….”

K의 신랑감 안색을 살펴보았다. 같이 웃고 있었다. 저 녀석이 빠져도 열흘 파먹은 술독에 생쥐 빠지듯이, 빠지기는 쏙 빠진 모양이었다. 아니지. 말없는 가운데 가슴만큼이나 도량이 넓은 까닭이겠지. 하여튼 실없이도 좋고, 아량이 커도 좋으리라. 그저 K를 행복하게만 하면 되리라.

가정방문을 할 때였다. K네 집은 조그만 고개를 넘어야 하고, 그 고개를 넘어 찔레꽃 하얗게 웃는 오솔길을 한마장은 걸어야 했다. 그 고갯마루에 오가는 사람들이 던져 놓은 돌무더기가 집채만큼 높았다. 옆의 굴참나무는 오색 헝겊이 매달려 바람과 장난치고 있었다. 그 길을 지나며 농담삼아 한 마디를 했는데, 잊지 않고 되갚는 것이다. 그 길을 혼자 지나려면 무섭다고 하길래, 친근감을 가지라고 일렀건만, K에게는 잊혀지지 않는 추억인가 보았다.

“선생님, 여기가 맨션아파트지요?”

“그래, 그러나 우리 집이야 조그만한 걸 뭐. 이름만 맨션일 뿐 속빈 강정이나 같지. 그런데, 너희들은?”

“단칸 전세예요. 이이가 저랑 데이트 하느라 돈을 다 썼대요. 후후….”

같이 온 신랑감은 정말 속이 좋은 남자였다. 어떤 말을 하더라도 빙그레 웃을 뿐이니, 천생연분이 따로 없었다.

'그러나, K야. 그러는 것이 아니니라. 조용하던 황소도 한번 성을 내면 주인을 받아 넘기느리라. 죽은 듯이 시키는 대로 일 잘하던 황소가 한번 성이 나면 정말로 무서우니라. 남편을 하늘같이 떠받들던 시대는 역사책에서나 비명을 지를지 모른다마는, 그래도 남편은 남편이니라. 시집간 B는 남편이 출장가고 천둥번개가 요란한 밤에 남편 귀한 줄을 알았다고 하더라. 상항 자기보다 남편을 생각해야 사랑을 받느니라.

각설하고, K야. 신혼에 방 한 칸이면 넉넉하니라. 눈비 가리고 하늘 보이지 않는 집이 있으면 만족했다던 조상님네들의 자아도취와 안분지족은 이미 고려장이 되었다손 치더라도, 허망보다는 실속이 중요하니라. 현대적으로 해석해도 그러니라. 미워도 고와도 방이 한 칸이라야 한 방에서 자느니라. 신랑감을 보아하니, 너만 잘하면 정녕코 행복하게 해줄 사람이니, 처신을 잘함이 온당하니라.'

"선생님, 마지막잔입니다. 한 잔 더하시지요."

한 쪽 무릎을 꿇고 바치는 술잔을 받는, 그는 한없이 느꺼웠다. 제자인 K보다 그 신랑감이 더 따사로웠다. 쉬지 않고 종알거리며, 말끝마다 '후후후…' 웃음소리를 쉬지 않는 K와 그 약혼남을 보내며, 그는 이 밤내 한 잠도 잘 수 없으리라 생각했다. 냉장고에서 맥주 한 병을 꺼내며 그도 모르게 호탕한 웃음소리를 냈다. 몇 년을 참았던 웃음소리였는지, 무논에 물꼬 터지듯이 나왔다. 내일 아침에는 어깨를 펴고 걸을 터였다. 남모르는 기쁨으로 힘차게 걸을 터였다.

공부를 게을리하는 C, N, K, M에게도, 말썽을 부리는 H에게도, 담임만 보면 조용하게 웃는 또 다른 K에게도 밝게 웃어 줄 터였다.

"허허허, 하하하…."

솟을대문

"천강 거사님, 가끔 뵙는 분 중에 지율 거사님이 계셨지요? 우리 산사에서 자기 집을 가려면, 솟을대문을 지나 한 마장을 가면 자기 마당의 호수가 나온다고 하셨지요. 그 호수를 배로 건너야 한다고 했습니다. 배에서 내려 한 마장을 더 가면, 안채가 나온다고 하셨지요. 그 집은 좌청룡 우백호로 둘러있어 그야말로 천하명당이라고 하셨지요."

수염도 없는 턱을 손으로 씻어내며 일초가 진지하게 말하였다. 천강은 눈빛을 반짝이며, 무슨 이야기가 나올까, 일초의 입을 바라보았다.

"제가 천강 거사님 댁을 방문하였듯이, 그 거사님의 초대를 받아 길을 나섰지요."

"정말 그렇게 대 저택이던가요?"

"그럼요. 안채가 그리 크지는 않았지만, 주변은 좌청룡 우백호가 분명하였습니다."

"정말 마당 안에 큰 호수가 있던가요?"

"그럼요. 호수 입구에 있는 느티나무와 건너편 버드나무에 길고 굵은 밧줄을 묶어 늘여 놓았더군요. 그래서 연결되어 있는 줄을 손으로 당기며 건너기 때문에 노와 삿대도 필요 없었습니다. 허헛!"

"그러면 그 거사님의 말은 허풍이 아니었네요. 저만 허풍을 떤 셈이네요."

천강의 얼굴색이 변하였다. 기가 죽었는지, 믿을 수 없는 사실에 망연자실한 모습이었다. 그 모습을 바라보던 일초의 입가에 야릇한 미소가 번졌다.

"솟을대문도 참으로 웅장하였습니다."

"우리 개심사 일주문 정도는 되던가요?"

"그럼요. 크기가 똑 같았습니다."

"아니, 우리 일주문을 본 따서 세웠는가요?"

"글쎄요. 그것은 잘 모르지만, 그 분의 솟을대문이 바로 우리 일주문이었습니다. 허헛!"

고장난 시계

"초등학교 시절 담임선생님께서 정년퇴임을 하셔서 다녀왔거든. 정말로 훌륭한 선생님이셨는데, 교감도 아니고, 교장도 아니고, 평교사로 정년퇴임을 하시더라구. 그렇게 훌륭한 선생님이 승진을 못 하셨다면, 교원 승진 과정에 문제가 있는 것 아닐까?"

무애 기자가 말문을 열었다.

"자기가 보기에 훌륭한 선생님이겠지! 정말로 훌륭하다면 교감 승진을 못 하였을 리 없잖아! 교장 승진도 그렇구. 사람들은 모두 자기와 가까운 사람들 중심으로 훌륭하다고 하더라구. 학생이 보는 것, 동료들이 보는 시각, 관리자가 보는 평가 기준이 서로 다를 수도 있는데, 어때? 내 말을 수용할 수 있지?"

천강 기자가 중얼거렸다. 무애 기자의 말에 반론을 제기하기 위해 억지소리로 한 말이지만, 일리가 있어 보였다.

"그럴지도 모르지. 우리 제자들은 모두 훌륭한 선생님이라고 하지만."

무애 기자가 수긍하는 태도로 답하였다.

*** 승진 점수의 4차 방정식**

그러자, 주진구 기자가 팔목의 셔츠 단추를 풀면서 앞으로 나섰다. 도저히 수용할 수 없다는 얼굴이다. 지나쳐 보이는 태도여서 모두 걱정스런 얼굴로 바라보았다. 천강기자를 향하여 우악스런 표정을 지으며 소리 질렀다.

"야, 천강 기자!"

"왜 그래, 내가 무슨 잘못을 했다구. 내가 말만 꺼내면 괜히 그래!"

"너는 우리와 같은 기자면서 세상을 그렇게 모르니?"

"왜 모르니? 너만큼은 안다."

"그러면 잘 좀 듣고 배워라."

주 기자는 자기가 교육계에 근무하는 사람처럼 일사천리로 내쏟았다.

"내가 듣기로, 교사가 교감으로 승진하는 데는, 아이들만 잘 가르쳐서 되는 것이 아니고, 몇몇 분야에서 좋은 점수를 받아야 한다네.

첫째가 근무 연도에 따른 점수, 주임 교사로 근무한 연도에 따른 점수도 산정한다네. 노력하면 얻을 수 있는 점수지. 대부분의 선생님들이 딸 수 있는 점수야. 이것만으로 승진을 시키면 너무 많은 대상자가 있어서, 변별력이 없게 되지!

둘째가 근무평가야. 교감이나 교장 등 상급자들이 근무 상태에 따라 매기는 점수지. 그래서 선생님들이 교감에게 절절매고, 교장에게 선물을 사들고 찾아다니는 거야. 2년간의 점수를 반영하기도 하고, 가끔 미친 듯이 여러 해 점수를 산정하기도 하는데, 이는 승진시켜야 할 한두 사람을 위해 간헐적으로 활용하는 교육 관리들의 횡포라 할 수 있지. 이렇게 하여 조금쯤 변별력이 생기지만, 그래도 충분하지는 않다구.

셋째가 부가 점수야. 가장 보편적인 것이 연구 점수라지. 개인이 열심히 연구하여 상을 받으면 점수가 올라가지. 또 연구학교라든가, 무슨 시범학교라든가, 특별한 아이템으로 학교를 운영할 때 선생님들이 고생한다고 하여 부가 점수를 부여하지. 여기까지만 인정하고 다른 변별적 방법으로 선발하면 참 좋은데, 그렇지가 못하다구. 현실은.

넷째도 부가점수인데, 참으로 얻기 힘든 부가 점수라네.

다른 선생님들이 근무하기를 꺼리는 도서 벽지라든가, 산골 학교, 혹은 장애인학교 등에서 근무한 교원에게 특별 점수를 주는 거야. 그런데, 현실에서는 앞의 요인들은 대부분 만점을 받기 때문에, 이 부가 점수에 의해 승진을 하는 것이 대부분이라지.

이렇게 점수를 매겨서 교사들은 교감으로 차출되고, 교육을 받고, 순서에 따라 부임을 하지. 어때? 천강 기자, 이런 정도는 알고 있어야 하는 것 아니야?"

"야! 대단하다. 매일 술주정만 하는 줄 알았더니, 대단하네. 언제부터 외운 거 아냐?"

"외우기는 왜 외워. 생각나는 대로 말한 거지."

그러자 송성국 기자가 미소를 지으며 말문을 열었다.

"어이, 천강 기자!"

"왜?"

"주진구 기자의 형님 두 분이 교직에 계시는 것을 몰랐는가 보구만."

"아! 그랬구나."

천강 기자는 몇 번을 들어도 새로 듣는 표정이었다.

*** 징계 좌천이 승진 1순위**

송 기자가 작심한 듯 다부진 표정으로 말문을 열었다.

"좀 길지만, 내 이야기도 들어 보려나?"

천강 기자가 눈을 반짝이며 턱을 괴고 바라보았다.

"재미있는 이야기야?"

"재미있다면 재미가 있을 수도 있고. 듣는 사람에 따라 다르지."

"원래 그런 이야기를 하기 위해 매주 우리 넷이 만나는 것 아니야?"

"사실, 나도 교원 승진에 대해서는 아이러니하게 생각하고 있다네. 모두가 그렇지는 않겠지만, 엉터리 교사가 빠르게 승진을 하더라구.

우리 시골 고향에, 교직에 근무하는 몇몇 선배들이 있는데, 인품이나 실력과는 반대로 승진하더라구. 물론 내가 보는 한에서 그렇겠지만. 한 마을 출신 두 사람을 비교하면 그런 거 같아. 모두 고등학교에서 아이들을 가르치는데 말이지.

김 선배님은 서울에서 유수한 대학을 졸업하고, 열심히 학생 지도를 하여, 처음부터 일류학교 입시교사로 선택을 받았지. 학교 교장이 유능한 교사를 데려다 쓸 수 있는 제도에 '할애'라는 것이 있다는 거야. 그래서 김 선배님은 여러 교장들이 좋은 학교로 데려다 입시를 맡기고 하여, 최고의 성적을 거두었다는 평가를 받지만, 승진을 못 하였지. 한 마디로 '벽지 근무 점수'가 하나도 없기 때문이라는 거야.

그런데 박 선배님은 교장들로부터 한 번도 선택받지 못할 정도로 능력을 인정받지 못 하였다구. 그 선배 이야기를 들어보면 애들을 가르치는 데에는 통 관심이 없고, 월급을 받으니까, 근무를 한다는 정도였지. 오래 전에는 교사들이 휴일과 야간에 당직 근무를 하였다는 거야. 그런데, 그 선배는 당직할 때마다 친구들을 불러 화투를 치다가 발각되었지. 그 바람에 아무도 가기 싫어하는 낙도 중학교로 좌천이 되는 징계를 받았지.

세월이 흐르고 난 뒤, 징계 위원회 의결로 좌천을 받았던 박 선배님은 그 점수로 교감 승진을 하였고, 교감에 오른 뒤 당연히 교장이 되었지. 그 선배가 교장으로 있는 학교에 김 선배님이 교사로 부임하여 서로 만났지. 그러니, 얼마나 아이러니하고, 얼마나 웃기는 일이냐구, 이 일이."

송 기자는 얼굴이 상기된 채로 말을 맺었다. 그러자 놀랐다는 듯이 천강 기자가 끼어들었다.

"히야! 그런 일이 있을 수도 있겠구나."

"하나의 예이지만, 대부분 실력과 승진과는 상관관계가 약하다구."

"그러네. 점수를 다 따도, 촌에 가서 애들을 가르치지 않으면 허당이네."

비슷한 연배인데도, 천강 기자는 늘 새로운 표정을 지었다. 그 다음 날에는 모두 도루묵이었지만, 매주 열리는 주담(酒談) 자리에는 한 번도 빠지지 않았다.

* 에필로그

"승진한 분들이 모두 그렇지는 않겠지만, 벽지 근무 점수를 너무 우대하는 것 같아. 이것은 조속히 해결해야 할 문제 같아."

무애 기자가 생각 깊은 얼굴로 말하였다.

"예를 들면?"

천강 기자가 곧바로 끼어들었다.

천강 기자를 바라보던 무애 기자가 분명한 어조로 말하였다.

"예를 들면 서울이나 부산 대구 대전 등은 벽지가 거의 없다는 거야. 그런데도 승진 점수에 벽지 근무 점수를 반영한다는 거지. 인천이나 울산 같은 도시는 벽지가 있을지도 모르지. 그래도 다른 '도' 단위 지역과는 비교할 수도 없이 적을 거야. 아마.

벽지가 많은 지역에서 받은 점수를 특별시 광역시에서도 인정하는 것은 형평성에서 큰 문제라는 거야. 특별시나 광역시 지역에서 오래 근무한 사람들은 당연히 승진에서 밀릴 수밖에 없지. 자기네 안방에서 20년 30년을 한결같이 근무한 사람들은 승진을 못하고, 타지에서 전입된 사람들이 승진을 하여 교감이 되고, 교장이 되고, 그래서 그 밑에서 터줏대감이 근무해야 하는 입장을 생각해 봐. 아무래도 문제이지 싶다."

"그런 경우가 있기 때문에 우리 집안도 희비가 엇갈렸다구. 실력을 인정받는 큰 형님은 승진을 못 하고, 건달처럼 왔다 갔다 하다가 벽지에서 근무한 둘째 형은 승진을 하였으니 말이야."

주 기자가 혀를 차며 술잔을 들었다.

"그래도, 머리 좋은 선생님들, 그리고 더 머리 좋을 것 같은 교육청 관리들이 도출한 인사 규정들이 아닐까?"

송 기자가 자신 없는 어조로 말하면서 술잔을 들었다.

"어떠하든지, 교육이 나라의 백년을 기약하는 것이라면, 어느 정도 객관성을 유지한 채 공동체가 수용할 수 있는 묘안이 나와야 할 것 같네."

무애 기자가 답답한 듯 술잔을 들었다.

"되었네, 되었어. 이만하면 우리, 오늘도 깊이 있는 이야기를 나눈 것 아닌가? 내일은 다 까먹더라도, 대한민국의 교육 발전을 위하여, 우리 모두 원샷!"

천강 기자가 기고만장한 채 술잔을 높이 들었다.

성년후견제

“변호사님! 제 딸이 날 때부터 다른 애와 좀 달랐어요. 멍하니 한 곳만 바라보더라구요. 정신지체아라고 하더군요. 지금 마흔 살이 넘은 이 애랑 둘이 삽니다. 그런데, 저도 폐암 4기라고 하네요. 여기 진단서를 갖고 왔습니다. 이 애를 위해 열심히 벌었습니다. 집이 한 채 있구요. 예금도 7천만 원 정도 있습니다. 내가 죽기 전에 이 불쌍한 애를 어디 시설에 맡기고, 내 재산을 물려주고 싶은데요. 재산이 없어질 때까지라도 이 애가 편안하게 보호받았으면 좋겠습니다.”

“진단서에 그렇게 적혀 있군요. 다른 가족은 없습니까?”

“이 애 오빠가 있지만, 여동생을 돌보아 주지 않을 겁니다. 재산만 빼앗아 갈 놈입니다. 그 녀석에게는 오래 전에, 지금 갖고 있는 재산보다 더 많이 주었습니다.”

"선생님의 치료는 하지 않으시렵니까?"

"아들이 욕을 먹지 않게 하려면 치료를 해야지요. 치료할 돈은 5천만원쯤 따로 통장에 넣어 놓았습니다. 그것을 요양병원에 주고 내 마지막까지 부탁하려구요. 내일모레가 80인데요."

"그러시군요. 어르신과 같은 분을 위해 2013년에 좋은 제도가 생겼습니다. '성년후견제'라는 제도가 생겼습니다."

"성년후견제라구요?"

"네, 가정법원에 가셔서 문의하시면, 법원에서 변호사나 판사, 혹은 시설에 맡겨서 편안하게 해줄 제도가 생겼습니다. 댁이 대전이시니, 대전가정법원에 가시면 좋은 방법이 있을 겁니다."

"아이고, 고맙습니다. 이제 살았습니다."

"선생님 치료도 잘 받으십시오. 아무래도 남보다는 아버지가 낫지요."

첫눈

찬바람이 바바리코트의 옷깃을 흔들며 길을 재촉했다. 잎사귀마저 떨어진 가로수가 을씨년스레 서 있는데, 하늘엔 낮은 구름이 몰려 다녔다.

여름의 초록과 가을의 어여쁨을 자랑하던 코스모스 마른 대궁이 그냥 슬퍼 보이는 길을 따라 그는 보헤미안이 되어 갔다. 특별히 괴로운 일이 있는 것도 아니었으며, 특별히 기쁜 일이 있는 것도 아니었기에 호박덩굴이며, 시든 몇 송이 들국화를 바라보며 걸었다.

신작로를 지나 오솔길로, 오솔길을 지나 철로에 이르렀을 때 눈송이가 떨어졌다. 몇 송이가 떨어지더니 차차 눈앞을 흐렸고, 이내 하얀 색으로 앞길을 꾸미었다. 차차 어두워져 눈송이도 까맣게 보였다.

장항선, 천안에서 장항까지 놓인 단선철로를 따라 코트의 깃을 여미며 걸었다. 신례원 역에 다다랐을 때 불빛이 밝아지며 상행열차가 하나 지나갔다. 차안에 있는 그들의 평화를 보며 까닭모를 눈물이 솟았다.

역무원은 역사 안에 있는지, 아무도 보이지 않았다. 호루라기 소리도 들리지 않았다. 신례원역을 지나 조금 걷다가 옆으로 난 작은 오솔길에서 멈추었다.

갑자기 스치는 얼굴이 있었다. 쌍꺼풀의 눈이 맑았던 K, 그녀의 집이 근처에 있었다. 조용하면서도 맺고 끊음이 분명했던 그녀, 호들갑스럽게 웃지 않으면서도 언제나 밝아 보였던 그녀, 겉치레를 하지 않으면서도 아름다웠던 그녀, 화장을 하지 않은 듯하면서도 고왔던 그녀, 만날 때 목례를 나누며 지나쳤던 그녀, 시골에서 자랐으면서도 촌스럽지 않은 그녀의 집이 바로 근처에 있다는 것을 떠올렸다.

무작정 창문을 두드렸다. 개인적으로 한 번도 만난 적이 없었기에, 어찌 보면 넋 나간 행동인지도 모를 일이다.

"누구세요?"

의아스런 듯, 약간은 놀란 듯한 목소리가 들렸다. 대답할 말이 없었다. 누구라고 해야 할 것인가.

"누구세요?"

들창을 열고 그녀가 얼굴을 내밀며 다시 물었다. 눈이 마주치자 나도 모르게 시선을 떨구었다. 그녀의 놀란 눈동자가 잔상으로 어른거렸다.

"아니 웬일이세요?"

"눈이 와서요…."

"네?"

내 대답이 어이없는지 깜짝 놀라서 되묻는 그녀를 바라보았다. 까만 스웨터를 입고 바라보는 그녀, 불빛이 역광으로 얼비치는 그녀는 신비스러울 정도로 아름답고 매력적이었다.

*

나도 모르게 용기가 솟았다.

"눈길을 같이 걷고 싶어서요."

말을 마치고, 나는 돌아서서 걸었다. 그녀가 오고 말고는 그녀의 자유일 뿐, 조르거나 강요할 수는 없는 일이었다. 더구나 가까운 사이도 아니면서 불쑥 찾아와 한다는 소리가 그랬으니, 언감생심 소용없는 일이라고 믿었다. 마을길을 나와 다시 철길로 들어섰다.

천천히, 정말 천천히 철로의 받침목을 세어가면서 걸었다. 아무런 잡념도 생기지 않았다. 거기 철로가 있기에 걸었다. 눈이 내리기에 걸었다.

한참 걷다 보니 인기척이 있었다. 돌아보았다. K, 그녀가 웃고 있었다. 너무나 기쁘고 너무나 놀라서 멍하니 쳐다보고만 있었다.

"후후후 놀랐지요?"

"아, 예."

"사실은 눈이 오는 것을 보며 걷고 싶었거든요. 용기가 나지 않아 방안에 있었거든요. 그 때 문 두드리는 소리가 들리고요."

세상에 이럴 수가, 세상에 이토록 마음의 일치가 있을 수가 있다니, 정말 놀라운 일이었다. 이상한 인연의 끈을 느끼며 찬찬히 바라보았다. 검정코트에 파란 머플러를 두른 그녀의 싱그러운 모습을 바라보며 내 가슴은 뛰었다. 가슴의 방망이질이 눈치 챌까 보아서 나는 가던 길을 걸었다.

"후후후, 같이 걷고 싶다셨잖아요?"

장난기 서린 목소리가 들렸다.

"아, 예."

철로 옆에 난 길은 좁아서 둘이 걸을 수가 없었다. 뒤따르던 그녀는 철로 가운데로 들어서서 옆을 걸었다.

"눈이 오면 늘 걷나요?"

"아니요, 가끔…."

"눈이 오면 아무나 불쑥 찾나요?"

"아니요, 처음…."

그녀는 궁금한 게 많은지 연신 물어댔다. 언제나처럼 내 대답은 짧았고, 짧은 만큼이나 그녀는 말이 많았다. 이야기를 주고받는 사이에도 눈은 계속 내렸고, 우리는 계속 걸었다. 얼마나 걸었을까. 그녀가 가쁜 숨을 쉬며 말했다.

"언제까지 걸을 거예요?"

"눈이 그칠 때까지…."

"영원히 그치지 않으면요?"

"영원히…."

그때 귀에서 열차 오는 소리가 들렸다. 하행 열차인 것 같았다. 나도 모르게 그녀를 붙잡아 끌었다. 이윽고 열차는 덜커덩거리며 지나가고, 우리는 붙잡은 채였다. 열차가 지나간 뒤끝은 더욱 어둠에 묻혔고, 하얀 눈빛만이 앞을 향해 놓여 있었다.

장갑을 끼지 않은 손이어서 그녀의 손은 차가왔다. 내 손은 바바리코트 안에 깊숙이 꽂았었기에 그녀의 차가운 손이 안쓰러워 꼬옥 잡았다. 잡힌 손이 무안한지 꼼지락거리며 빼내려 했다. 그럴수록 내 손에 힘이 주어졌다.

"손이 차갑네요."

시선을 돌리고 있는 그녀를 바라보며 말했다. 아무 말도 않더니, 갑자기 손을 홱 뺐었다. 얼떨결에 손을 놓치고 나는 멋쩍어서 다시 걸었다. 그녀가 뒤따라왔다.

"손 얼어요. 호주머니에 넣으세요."

"걸음이 빨라서 호주머니에 손을 넣고는 따라가지 못하겠어요."

그랬었다. 혼자 걸을 때는 천천히 걸었지만, 그녀가 온 뒤로는 마음이 들떠 걸음이 빨라졌다. 옆에서 같이 걸으려고 하다 보니 그녀의 걸음이 빨라지고, 그러니, 손을 호주머니에 넣고는 따라올 수가 없었던가 보다.

보폭을 줄여 천천히 걸었다. 미안한 마음에 자꾸만 이야기를 했다. 앞날의 무지개빛 설계를 즉석에서 꾸며 말하기도 했다.

가만히 듣고만 있던 그녀가 갑자기 말을 했다.

"눈이 그쳤네요."

이야기하며 걷느라 정신이 없었던가, 어느새 눈은 그쳐 있었다.

"눈이 그칠 때까지 걷는다고 했잖아요?"

"아, 예."

"계속 걷고 싶은데 다리가 아파요."

그러고 보니 이십 리 길을 족히 걸었는가 싶었다. 옆길이 나서자 철로에서 빠져나와 찻길로 나섰다. 많은 차량이 불빛을 밝히며 오고 갔다. 때마침 시내버스가 왔다. 눈을 털며 차에 올랐다.

예산 읍내에 도착했다.

큰길을 조금 지나 '대지'라는 찻집에 들어섰다. 마주앉아서 할 말이 없었다. 가족에 대한 이야기를 몇 마디 주고받았다. 따끈한 커피를 마시고 우리는 다방을 나왔다. 다시 온 길을 돌아가야 했다.

시내버스를 탔다. 앞뒤에 앉아 창밖의 어둠을 응시했다. 시내를 벗어나자 어둠의 창에 비친 그녀의 모습이 또렷해졌다. 가끔 눈이 마주쳤다. 말없이 웃기만 했다.

버스에서 내려 그녀의 집까지 갔다. 거의 다 왔을 무렵 내가 물었다.

"손 괜찮아요?"

차가웠던 손이 생각나서였다. 혹시 얼거나 아프면 어쩔까 걱정이 되어서였다.

"괜찮아요. 자요!"

그녀가 불쑥 두 손을 내미는 것이 아닌가. 얼떨결에 잡아보았다. 차가움은 아까와 같았다. 꼭 쥐고 있으니까, 그녀의 뛰는 심장소리가 들리는 것 같았다. 어쩌다 눈송이가 몇 개씩 내리고 있었다.

"손이 차갑네요."

고개를 숙인 채 서 있던 그녀에게 할 말이라고는 그 말밖에 없었는지, 나는 같은 말을 반복하고 있었다. 손을 빼내어 골목길로 들어가던 그녀가 뒤돌아보며 한마디 했다.

"손이 차가운 사람은 가슴이 뜨겁데요!"

나는 무엇에 얻어맞은 것같이 멍해진 채로 걸음을 옮겼다. 그리고는 계속 그녀의 말을 되뇌었다. 이명으로 들리는 그녀의 말을 되뇌었다.

'손이 차가운 사람은 가슴이 뜨겁대요. 손이 차가운 사람은 가슴이 뜨겁대요. 손이 차가운 사람은 가슴이 뜨겁대요.'

*

금년에도 첫눈이 내리는 날 저녁에 그와 아내는 추억을 떠올리며 밤길을 걸을는지 모른다.

종달새

신탄진 보리밭에 봄이 오면, 종달새 비비새 알락도요새 등이 아름답게 사랑노래를 합니다.

보리밭 고랑에서 조그만 새집을 발견했습니다.

어미새 머리에 뿔깃이 있는 것을 보니, 종달새입니다.

하늘 높이 까만 점으로 노래를 하다가, 갑자기 보리밭으로 떨어지듯 내려온 그 새는 보리밭 이랑을 여럿 지나서 둥지로 갑니다. 둥지를 보호하기 위한 비책입니다.

몰래 가본 둥지에는 검은 점, 갈색 점이 알록달록하게 찍힌 새알 넷이 있습니다. 날아간 새의 체온이 아직도 따뜻하게 느껴집니다.

자주 가보고 싶었지만, 새가 놀랄까봐 가지 못하고 멀리서만 바라보았습니다.

설레는 가슴을 참다, 참다가 궁금하여 가까이 다가갔더니, 어미새와 함께 부리가 노란 아기새 네 마리가 모래밭을 기어서 달아납니다.

한 걸음 한 걸음, 다가가서 손을 내밀자, 갑자기 날아올랐습니다. 서툴지만, 아기새들도 날아올랐습니다. 둥지에는 빈 하늘만 담겨 있습니다.

새들이 날아간 하늘을 보며, 슬프고도 기쁜 새알 무늬 같은 감정, 그야말로 묘한 감정을 느꼈습니다.

빈 둥지에 서운한 감정을 털어 놓고 나서는데, 보리밭 저쪽에서는 농부들이 보리를 베기 시작하였습니다.

'참 다행이다. 하늘의 섭리구나!'

벌주 석 잔

1.

김장배추를 300포기쯤 심을 요량이었다. 퇴비와 복합비료를 섞어 밑거름으로 뿌린 다음, 관리기로 여러 번 뒤집기를 하였다. 거름이 잘 섞인 흙은 손으로 만져보아도 부슬부슬하면서 부드러워 배추가 잘 자랄 것 같았다. 배추 심을 이랑을 삽으로 좀 넓게 다듬고, 물이 빠질 고랑을 내었다. 무를 심을 이랑은 좀 좁게 만든 다음, 고랑을 깊이 내었다.

심을 곳을 정리한 다음 1주일 정도는 지나서 배추와 무 씨앗을 심기로 하였다. 퇴비나 복합비료의 독성이 사라지기를 기다리는 기간이다.

배추는 50~60cm 정도로 간격을 띄워서 심을 자리를 마련한다. 손바닥으로 타닥타닥 두드린 자리에 씨앗 3~4개를 놓는다. 그 위에 부드러운 흙을 살짝 뿌린 다음, 다시 손바닥으로 타닥타닥 두드리면 된다. 300포기를 심으려면 이런 과정을 300번이나 해야 한다. 박근성 어르신은 농사를 지어 팔지는 않지만, 자녀들의 김장 몫까지 심기 때문에 좀 많은 편이다. 이장네처럼 채소 농사를 많이 짓는 사람들은 3,000포기도 심고, 때로는 5,000포기도 넘게 심기 때문에 정말 힘든 일이고, 정성이 많이 들어가는 일이다.

무는 이랑의 가운데가 가늘게 파이도록 나무막대로 선을 그어서 얕은 고랑을 그어 나간다. 그 곳에 무 씨앗을 5~10cm 정도 간격이 되게 놓는다. 씨앗이 보이지 않을 정도의 흙을 손으로 훑어 덮고, 손바닥으로 타닥타닥 두드린다. 조금쯤 단단하게 두드려야 흙이 마르지 않아 씨앗 발아(發芽)가 잘 되기 때문에 때로는 꾹꾹 누르기도 한다.

3일이 지날 때쯤, 배추밭과 무밭에서는 성냥골 만하게 흙이 봉곳 솟아오르면서, 짜지직 여러 실금이 나타난다. 새싹이다. 2일쯤 지나면 떡잎 두 개가 하늘에 손사래를 친다. 5일쯤 지나면 본잎이 두 장 앙징스런 모습을 선보인다.

이때부터 전쟁이 시작된다. 어디에서 나타나는지, 집에서 보던 벼룩처럼 팔짝팔짝 뛰는 벼룩벌레가 등장한다. 그냥 두면 떡잎이든지 본잎이든지, 잎사귀마다 작은 구멍이 숭숭 뚫린다. 이틀만 지나면 잎맥만 남기고 잎을 다 긁어 먹어 모기장처럼 된다. 그러면 배추가 시들시들 마르다가 죽어버린다. 혹은 요행스럽게 살아난다고 해도 벼룩벌레를 타지 않는 배추의 성장 속도에 따라갈 수가 없어 결국 농사를 망치게 마련이다.

박근성 어르신은 목초액을 물과 섞어 분무기로 뿌렸다. 배추밭과 무밭을 뿌리는 데는 20리터 한 통이 모두 들어간다. 충분하게 뿌려야 벼룩벌레가 몰려오지 않는다.

2주일쯤 지나면 잎이 6장쯤 된다. 이때 찾아오는 손님은 진딧물, 풀무치, 메뚜기, 배추나비 등이다. 진딧물은 배추 잎사귀 아래쪽에서 진액을 빨아먹기 때문에 잘 보이지 않는다. 배추 잎사귀가 오글거리면서 갑자기 하얗거나 누렇게 변할 때는 진딧물의 습격이다. 풀무치와 메뚜기는 뛰거나 날아다니면서 배추 잎사귀를 갉아 먹는다. 낮에는 여기저기 돌아다니며 맛을 보다가, 밤이면 배추의 가운데에 자리를 잡고 잠을 잔다. 자신의 천적으로부터 보호받을 수 있어 안성맞춤으로 생각하는 듯하다. 가장 두려운 존재가 예쁘게 나폴거리는 작은 배추나비다. 하얀 것도 있고 회색 바탕에 둥근 점이 난 것도 있다. 아이들은 예쁘다고 졸졸 따라다니지만 배추농사를 짓는 사람들에게는 가장 무서운 곤충이다.

진딧물과 풀무치, 메뚜기는 벼룩벌레처럼 목초액을 뿌려서 잡을 수 있다. 그러나 배추나비는 나폴나폴 날아다니면서 배추 잎사귀 뒤에 알을 낳는다. 그 알이 부화하여 눈에 보이지도 않을 만한 크기로 잎사귀를 갉아먹으며 자란다. 잎을 갉아먹어 구멍이 나면, 그 구멍으로 들어가서 그 안의 잎을 갉아먹는다. 그 잎에 구멍이 나면 다시 안쪽의 잎을 갉아먹고, 그 구멍으로 들어가서 또 안쪽의 잎을 갉아먹는다. 마지막으로 고갱이에 이르러 새롭게 자라는 생장점까지 먹어치운 다음, 그 곳에서 번데기가 된다. 때로는 여러 겹의 잎에 구멍을 뚫고 밖으로 나와 배춧잎 끝에 매달려 하얀 번데기가 되어 대롱거리기도 한다. 그 번데기는 땅으로 떨어졌다가 겨울을 지나서 해동하면 나비로 우화(羽化)한다.

배추를 갉아먹고 자라는 배추나비 애벌레를 겉에서는 볼 수가 없다. 배추 속에서 구멍을 뚫고 갉아먹기 때문에, 배추의 겉은 멀쩡해도 속은 모기장처럼 엉성하게 비어 있을 때가 많다. 나중에, 김장을 담그기 위해 배추를 반으로 자르면, 그 안에 아무 것도 남은 게 없다. 그래서 농부들은 배추에 구멍이 하나 보이면, 속의 고갱이를 순서대로 한 잎씩 펼치면서 손으로 벌레를 잡는다. 그뿐이다. 그 곳에 농약을 치면 되겠지만, 김치로 담글 부분이어서 안 될 일이다. 목초액을 뿌려도 되겠지만, 친환경이라고 일컫는 그것도 독성이 있을 것 같아서 안 될 일이다. 손으로 애벌레를 잡는 시기를 잠시만 놓치면, 겉으로 훌륭하게 배추 농사를 지어 놓고, 하나도 추수하지 못할 때가 비일비재하다.

박근성 어르신은 배추의 겉잎과 속잎을 순서대로 펼치면서 배추나비 애벌레를 잡았다. 잎이 연하기 때문에 조금만 힘을 주어도 잎줄기가 부러지거나 고갱이 잎이 부서졌다. 그런 연유로 세상에서 가장 귀한 물건을 다루듯이 조심스럽게 한 잎, 한 잎, 순서대로 잎을 펼쳐 벌레를 잡는다. 그러면 둥그렇게 여물어가던 배추는 하얗고 노란 속살을 하늘로 내놓은 채 부스스한 모습이다. 아무리 잡아도, 수많은 벌레를 다 잡을 수가 없기 때문에 배추 속에 해롭지 않은 약을 분무기로 뿌려야 한다.

하루 종일 300포기 배추의 속을 펼쳐 벌레를 잡은 박근성 어르신은 분무기로 배추의 겉과 속에 액체를 분무하였다. 그때 이장과 김민주, 이진보 세 사람이 함께 밭으로 쑥 들어 왔다. 무엇인가 현장을 잡은 것처럼 득의양양한 모습들이다. 이장이 앞으로 나섰다.

"어르신, 지금 배추밭에 약을 치시네요?"

"배추나비 애벌레가 득시글거려서."

비닐하우스에서 농사를 짓는 김민주가 얼른 말을 받았다.

"제가 비닐하우스 오이에 0000을 뿌렸다고 이장에게 고자질하신 분이 약을 하세요?"

"왜? 하면 안 되는겨?"

학원 강사를 하면서 텃밭농사를 짓는 이진보도 옆으로 나서서 얼굴을 붉히며 거들었다.

"저희 잔디밭에 제가 제초제를 뿌린 것도 어르신이 이장님께 일러 바치셨지요? 그러면서 어르신은 이렇게 농약을 하시네요."

"아, 글쎄, 이 선상님한테 배운 대로 벼룩벌레하고, 진딧물하고, 풀무치하고, 메뚜기는 목초액을 분무하여 효과를 보았지. 두 분에게 늘 고맙다는 생각을 하고 있지. 그런데 왜 그러는겨?"

세 사람이 이구동성으로 말을 받았다.

"이것은 목초액이 아니잖아요! 목초액은 이렇게 하얗거나 맑지가 않잖아요!"

"그래. 이것은 목초액이 아니지. 아니구 말구."

"그러면 어르신은 말씀 다르고, 행동 다른 분이잖아요. 마을 사람들의 존경을 받으면서 이렇게 하시는 것은 경우가 아니잖아요!"

박근성 어르신은 무슨 말을 해야 할지 몰라 우두망찰하게 세 사람의 얼굴을 바라보다가 미소를 보이며 잔잔하게 말하였다.

“내가 오늘 하루 종일 애벌레를 잡고, 마지막으로 약을 모두 쳤네. 이렇게 만났으니, 우리 가양주나 한 잔 하면서 이야기를 나누세.”

세 사람은 못 마땅한 표정이었지만, 어르신을 따라 사랑채로 들어갔다.

2.

이들이 사는 마을은 도로에서는 보이지도 않는 오지다. 좁다란 입구 오른쪽 산모롱이를 돌아서면, 너른 들판이 나오고, 양지쪽 산기슭에 열다섯 농가들이 옹기종기 모여 있다. 언뜻 보면 남쪽으로 입구 하나만 터져 있는 분지(盆地)다. 마을 가운데에 작은 개울이 흐른다. 마을에 들어서며, 오른쪽을 양지뜸이라고 하고, 왼쪽을 음지골이라고 구분하여 부르지만, 내 집과 네 집을 구분하지 않고 사는 평화로운 마을이다.

그런데 3년 전에 귓바퀴를 간질이는 말이 떠돌았다. 친환경 농촌으로 인정받으면 농산물 값을 두 배로 받을 수 있다는 소식이다. 뒤가 산으로 막혀 있어서 외지 사람들이 드나들지도 않고, 길이라고는 마을 입구 하나뿐이어서 최적지라는 평가다.

3.

마을 이장 김대로가 둥구나무 밑으로 주민을 소집하였다. 김씨 8가구, 박씨 4가구, 이씨 3가구지만 주민은 40여 명에 불과하였다. 가구를 대표하여 성인 남자들 12명이 모였다. 시멘트로 만들어 놓은 의자에 앉았던 이장이 일어나 조심스런 표정으로 말을 꺼내었다.

"우리 마을을 친환경 농촌으로 만들면 좋겠다는 말을 면장님도 하시고, 또 군청 공무원들이 부탁도 하고 그러는데, 어떻게 하는 게 좋을지 물어보려고 오시라 했습니다."

주로 밭작물과 과일나무를 조금씩 가꾸는 박근성 어른이 앞으로 나섰다.

"그렇게 되면, 농약을 할 수 없다는 게, 참말인겨?"

"그래야 한다네요."

"우리 같이 밭작물을 하는 사람들이 어떻게 농약을 치지 않구 농사를 짓는댜. 나는 반대일세!"

"그러니까, 중론을 알아보는 것이지요."

그러자 논이 많아 주로 벼농사를 짓는 김판수가 나섰다. 그는 이장과 마흔 두 살 동갑내기다.

“우리 논농사도 농약을 하지 않으면 폐농해유. 아무렴 폐농을 하지요.”

“그럴 것 같네요. 모두 농약을 해야 한다면, 없던 일로 하지요. 누가 뭐래도 우리 뜻이 중요하니까요.”

“그려, 그게 좋겠구만요.”

그때 비닐하우스에 오이와 채소를 길러 대처에 내다파는 젊은 농부 김민주가 급하게 앞으로 나왔다.

“그것은 아니지요. 무농약으로 가꾼 오이와 채소는 값을 두 배나 받는다니까요. 우리 물건을 제값 받고 팔려면 무농약 친환경으로 길러야 합니다. 농약을 쓰지 않으면 없어진 가재도 다시 볼 수 있을 것이구요. 개울에 다슬기도 많아질 겁니다. 가끔 농약 중독으로 고생하는 분들도 있었는데, 그 고통에서 해방도 되구요. 논에서 사라졌던 미꾸라지와 메뚜기도 많아질 것입니다. 그리고 도시에서 사는 사람들과 이웃을 맺으면 그들이 우리 마을을 찾아와 농산물을 직접 구입해 갈 겁니다. 우리 마을을 살리기 위해서는 친환경 농촌으로 꼭 지정되어야 합니다.”

김민주의 간절한 눈빛이 좌중을 쓸어나가자, 모두 입을 다물었다. 그때 김판수가 궁금한 듯 한 마디를 하였다.

“민주 동생, 동생은 소독을 하지 않고, 오이를 기를 수 있는감? 힘들 텐데.”

"힘들어도 해야지요. 우리 마을을 위한 것이라면, 어떠한 고통도 참아야 하지요. 저는 그렇게 생각합니다."

"그려? 정말 쉬운 일이 아니라니께. 우리도 전에 농약을 쓰지 않고 농사를 지어 보았는데, 그게 말처럼 쉽지가 않더라구."

"어려운 일을 해내는 것이 더 가치 있는 일 아니겠습니까?"

"그렇기는 혀."

그때 박근성 어르신이 일어서서 좌중을 둘러보았다.

"나는 농사도 쬐끔씩 쬐끔씩 하니께. 이래도 좋구, 저래도 좋지만, 농사를 크게 짓는 사람들도 자신있는겨? 진보 자네도 자신있는겨?"

"예, 어르신! 우리도 좋고, 우리 농산물을 먹는 사람도 좋고, 우리나라와 자연에도 좋은 일이라면 우리가 해야지요."

그때 이장이 나서서 정리하였다.

"집집마다 다 나온 것은 아니지만, 15가구 중에서 12가구가 참석하였으니 거수로 투표를 하겠습니다. 어렵더라도 친환경 농촌을 만드는 데 찬성하는 분은 손을 들어 주십시오."

7명이 손을 들었다.

"참석자의 반은 넘었지만, 뜻을 알아보기 위해 지금처럼 농사를 짓는 것이 좋겠다는 의견도 확인하겠습니다. 지금 처럼 농사를 짓는 것이 낫겠다는 분은 손을 들어 주십시오."

4명이 손을 들었는데, 박근성 어르신도 오른손을 번쩍 들며 두리번거렸다. 이장이 마지막으로 정리를 하였다.

"친환경 농촌을 만드는데, 7명이 찬성하였고, 4명이 반대하였습니다. 총 가구수 15명의 반이 넘지 않기 때문에 다시 주민 회의를 소집하여야 하겠지만, 제가 찬성에 1표를 보태면 과반수가 됩니다. 그러면 주민회의를 다시 소집하지 않아도 되겠지요?"

좌중은 모두 "예!"하고 대답하였습니다.

"박참판댁 어르신도 어려우시겠지만, 함께 참여하시지요?"

박참판댁 어르신은 바로 박근성 어르신을 가리키는 말이었다. 그의 조상이 정말 참판을 하였는지는 모르지만, 선산 능선에 큰 묘소가 여러 기 있고, 그 곳의 비석에 그렇게 써 있다는 것이다. 박근성 어르신이 엉덩이를 탁탁 털면서 일어섰다.

"나는 반대의견이지만, 농사라구 쬐끔 짓는데 뭐. 우리 마을을 위해 그렇게 하는 것이 좋겠다는 의견을 가진 주민들이 많다면 어쩔 수 없는겨. 다수결로 정한 것은 자기가 좀 손해나도 지켜야 하는겨. 그렇지 않은감?"

"예. 고맙습니다. 어르신!"

그렇게 주민회의가 끝난 후, 이장은 면사무소에도 들랑거리고, 군청에도 들랑거리며 바쁜 나날을 보냈다.

4.

김대로 이장이 마을회의를 다시 소집하였다.

"우리 마을이 친환경 농촌으로 지정을 받으려면, 최소 3년 동안 농약을 하지 않아야 한답니다. 그래서 우리 모두 뜻을 모아야 하기 때문에, 어떻게 하면, 농약을 쓰지 않을 수 있을까? 이에 대하여 주민들의 의견을 여쭙고자 회의를 열었습니다. 좋은 의견들을 말씀해 주시기 바랍니다."

학원 강사를 하며 텃밭농사를 짓는 이진보가 벌떡 일어섰다. 젊은이답게 호기를 부리며 말하였다.

"까짓거 뭐, 간단하지 않습니까? 집에 있는 농약들을 모두 모아서 구덩이를 파고 묻으면 되지 않겠습니까?"

그러자 이장이 얼른 대답하였다.

"농약을 땅에 묻으면 큰일 납니다. 오염이 심해서, 잘못하면 우물도 먹을 수 없게 되고, 농사도 지을 수 없는 땅이 되어 버립니다. 혹여 모아서 버려야 한다면, 농약 수거반에 연락하여 처리해야 합니다."

"그러면 그렇게 하시지요!"

"아직은 김 강사님 한 분 말씀이지, 정해진 것은 아닙니다. 다른 분들의 의견을 더 들어보고, 주민들이 투표로 결정을 해야 되지요. 다른 의견은 없습니까?"

가만히 앉아 있던 박근성 어르신이 일어섰다.

"제초제도 모두 반납해야 하는겨? 산소에 난 아카시아 나무를 베고, 그라목손 원액을 붓으로 칠해야 하는데, 제초제까지 모두 반납하면 어떻게 하는겨!"

"어르신, 아직 정해진 것은 없습니다. 의견을 들어보고 결정하겠습니다."

그때 김민주가 손을 들고 일어섰다.

"어차피 우리가 친환경 농촌을 건설하기로 하였지 않습니까? 그러면 당연히 농약은 없애야지요. 벌레가 작물을 갉아먹을 때, 농약이 보여 보세요. 그러면 농약을 뿌릴 유혹이 생길 것 아닙니까? 이런 유혹을 애초에 뿌리 뽑으려면 농약 자체를 집에 두지 말아야 합니다. 한발 더 나아가서 농약만 모아서 반납할 것이 아니라, 농약 분무통까지 모두 고물상에 넘겨서, 우리 마을에서는 절대로 농약을 할 수 없도록 준비를 단단히 해야 할 것 같습니다."

"김민주님이 의견을 내주셨습니다. 이렇게 해도 되겠습니까?"

그때 김판수가 벌떡 일어섰다.

"농약통은 안 되지요. 작물에 벌레가 들끓면 농약을 뿌리지는 못한다고 하더라도, 목초액을 뿌리든가, 식초를 뿌리든가, 어떤 발효액이라도 뿌려서 막아야 하는데, 통을 다 없애면 어떻게 합니까? 저는 살충제 살균제 제초제 등 농약을 모아 없애는 데는 찬성하지만, 농약통을 모두 없애는 것에는 반대입니다."

그러자 이장이 다시 정리를 하였다.

"의견이 둘인 것 같습니다. 농약을 모아 땅에 묻자는 안은 우리가 따를 수 없는 안이라 거두어 주시고요. 농약과 농약통을 모두 마을에서 없애자고 하는 의견이 첫 번째이고, 농약은 없애되 분무기라든지, 살포기라든지, 농약통은 없애지 말자는 의견이 두 번째입니다. 손을 들어 결정하겠습니다. 농약과 농약통을 모두 버리자는 의견에 찬성하는 분은 손을 들어 주시지요."

김판수를 비롯하여 4가구 대표가 손을 들었다.

"농약은 모두 버리기로 하지만, 농약통은 달리 사용하기 위해 각자 소지하자는 의견에 찬성하는 분들은 손을 들어 주세요."

박근성 어르신을 제외하고 모두 손을 들었다.

"어르신께서는 무슨 일로 기권을 하셨습니까?"

"나는 마을 분들이 모두 하자고 하니까, 따라가긴 하는 겨. 하지만, 그건 농사를 지을 때 지킬 일이고, 조상 산소에 나는 아카시아 나무를 제거하기 위해, 몇 병의 제초제는 집에 둘 것이라고. 그렇게 할겨."

"그걸 말씀으로 공표하시면 어떻게 합니까?"

"뭐든지 터놓고 살아야 하는겨."

"그렇지만, 마을 사람들 눈에 보이면, 모두 압수하여 농약 수거반에 보낼 것입니다. 어르신께서도 그렇게 알고 계세요."

"응, 명심할겨."

그날부터 집과 창고, 그리고 농막에 있는 농약까지 모으기 시작하여 3일 만에 모두 수거되었다. 마을 사람들 누구든지 농약병을 보면 주인의 뜻과 무관하게 가져와도 된다는 묵시적 동의가 실천되었다.

농약병을 수거하는 것이 쉽지 않을 거라는 걱정을 하였지만, 큰 힘을 들이지 않고 진행되었다. 김민주가 환경운동의 조타수가 된 것처럼 집집마다 다니면서 수거를 하였다. 수거를 끝낸 가구도 다시 방문하여 남은 농약이 있는지 일일이 체크하였다. 마을길을 지나가다가 빈 집까지 두리번거리며 농약병을 찾았다. 간혹 빈 병이라도 있으면 틀림없이 수거하였다.

그리하여 가을이 무르익어 갈 때에는 친환경 농촌의 1차 문제가 어느 정도 마무리되었다.

5.

봄이 되었다. 마을 주민들은 모두 걱정이다. 가장 큰 걱정은 제초제 사용 금지였다. 작물이 없는 땅의 잡초는 제초제로 잡았었다. 과수나무 아래나 논밭의 두렁, 길가의 풀을 잡기 위해 제초제는 유용하였다. 그래서 주민들은 풀이 어렸을 때 긁쟁이로 미리 긁어내기로 하였다. 길가의 풀은 자라기도 전에 작은 싹부터 예초기로 잘라내기로 하였다. 벼논의 물풀이 걱정이지만, 옛날처럼 마을 사람들이 두레를 하여 잡기로 하였다.

벌레들이 가장 극성을 부리는 것은 고추농사였다. 농약을 하지 않으면 고추마다 작은 구멍이 뚫리고, 그 속에 있던 벌레가 밤이 되면 나와서 다른 고추를 파고들었다. 때로는 진딧물이 고추 잎사귀 뒷면에 빼곡하게 붙어 있어 방제할 엄두를 낼 수 없는 일이었다. 그래서 주민들은 고추와 고추 사이의 간격을 2배 정도 벌려 심어 바람이 잘 통하게 하자는데 의견의 일치를 보았다. 그러면 잎썩음병도 예방할 수 있을 터였다.

새롭게 짓는 농사는 주민들의 일손을 두 배 정도 바쁘게 하였다. 잠시 쉴 틈이 없도록 벌레와 세균이 주민들을 들들 볶았다. 농약을 살포하고 싶은 마음이 간절하지만, 자신 한 명 때문에 친환경 농촌으로 지정되지 못할까봐 참았다. 힘들지만, 주민 대부분이 이를 따랐다.

6.

연세가 지긋한 박근성 어르신은 최신 농법에 대해서는 문외한이었다. 무엇을 어떻게 해야 할지 잘 몰라서 젊은 사람들을 찾아 농법을 배우며 농사를 지었다. 한 작물을 집중적으로 짓는 것이 아니고, 자가(自家)에서 소용되는 곡식과 채소, 과일 등을 적당하게 지었다. 그러다 보니 종류가 다양해져서, 마을의 여러 사람들에게 물어야 했다.

굵은 대나무를 세로로 세우고, 가느다란 대나무를 가로로 엮어서 세운 죽발에 오이를 올렸다. 노란 오이꽃이 앙증맞게 피어나고, 작은 오이가 저보다 더 큰 꽃을 매달고 있었다. 죽발 사이에 비닐줄을 세밀하게 쳐서 오이순이 잘 오르게 마련하였다. 마디마다 피어나는 오이꽃을 보면서 흠흠하였다. 그런데 며칠 전부터 오이 덩굴이 시들시들 힘을 잃었다. 꽃도 피다 말고 축 늘어졌다. 자세히 살펴보니 눈으로 확인하기 어려울 정도로 작은 초록색 진딧물이 오이 잎사귀 아래와 잎줄기마다 빈틈이 없었다. 급한 김에 손으로 문질렀더니, 진딧물이 터지면서 푸른 물이 흘렀다. 그 일을 하던 어르신은 오이 농사를 전문적으로 짓는 김민주가 떠올랐다.

들녘 서쪽에 있는 논 두 배미에 비닐하우스를 세워놓은 오이농사 밭으로 갔다. 비닐하우스에는 천정에서부터 줄을 늘어뜨려 놓았다. 오이가 자라면서 그 줄을 타고 오르면 줄 묶는 기계로 오이순을 끈에 묶었다. 그 기계는 가위처럼 질끈 누르면, 자동으로 끈이 나와서 묶기 때문에 아주 편리하였다. 손으로 묶는 것과는 비교가 되지 않았다. 비닐하우스에는 오이가 싱싱하게 자라고 있었다. 두리번거리며 김민주를 찾았지만, 어느 구석에서 일을 하는지 보이지 않았다.

그때 커다란 탱크 옆에 0000라고 쓰여 있는 빈 병이 보였다. 오이가 싱싱하게 자라라고 성장 촉진제를 사용한다는 이야기를 들었던 터라, 어르신이 궁금하여 집어 들고 설명문을 읽었다. 그런데, 영양제나 성장촉진제가 아니라, 살충제라고 쓰여 있었다. 못 볼 것을 본 것처럼 깜짝 놀라고 있는데, 밭 임자가 나타났다.

"어르신 오셨습니까?"

"어, 궁금한 것이 있어서 물어 보려 왔지."

"무엇이 궁금하신데요?"

"오이 잎자루에 진딧물이 껴 있는겨. 농약을 하지 않으려면 어떻게 해야 하는겨?"

"어떤 분은 목초액을 뿌리기도 하고, 효소를 뿌리기도 하고 그러던데요."

"여기는 괜찮은겨?"

"저희는 비닐하우스라 병이 별로 없으니까요."

"그려? 그럼 이 0000 빈병은 무엇하는겨? 농약병은 빈 병도 모두 수거했잖은겨?"

"아니, 그게 왜 거기에 있지?"

김민주는 당황하여 어쩔 줄을 몰라 했다. 빈병을 들고 창고로 들어갈 때, 0000 한 상자 가득한 농약병이 보였다. 창고 문을 나오자 그는 자물쇠 번호를 돌려 잠갔다.

"아이고, 빈 병이 돌아다녔네요."

"그려? 흙도 안 묻고, 먼지도 없는 것이 요즘 뜯은 거 같았는디."

"그럴 리가 있습니까?"

"글세, 그렇다면 그런 거겠지 뭐. 그럼 나도 목초액을 뿌려 보아야겠구만. 그거 시장에 가믄 살 수 있는겨?"

"시장에 가시면 살 수 있을 겁니다. 안녕히 가세요."

"그려! 일 하는 사람 붙들고, 미안허이."

집으로 가는 길에 이장을 만났다. 면사무소에 다녀오느라 힘들었는지 자전거 페달을 밟는데 힘이 들어 보였다. 친환경 농사가 힘이 들지만, 이장은 신이 나서 관공서를 찾아 다녔다. 그런데 요새는 자기 논과 밭에 풀이 무성하여 답답한 표정을 지을 때가 많았다.

"어르신, 어디 다녀오세요?"

"어, 민주네 오이 밭에."

"거기는 왜요?"

"오이 진딧물이 하도 많아서 어떻게 하면 될까, 의논하러 갔던겨."

"그 집 오이는 괜찮습니까?"

"잘 크데. 그런데 거기에서는 0000을 쓰는 거 같더구먼. 빈병도 보았고, 창고에는 뜯지 않은 게 한 상자 있던데."

"그럴 리가요! 농약병을 모두 수거하면서, 자기네는 농약 분무기 통도 모두 버렸다고, 호언장담을 했는데요. 가장 극성을 떨던 그 사람이 농약을 하면 말도 안 되지요."

"농약통은 보이지 않더구만."

"그럴 거예요. 그럴 사람이 아니지요."

"그럼. 우리가 안 하는 것으로 믿고, 그 농약은 웬 것인가, 이장님이 확인을 한번 해보면 어떤겨?"

"그러겠습니다. 그럼 어르신, 살펴가십시오."

집으로 가던 이장은 자전거를 돌려 김민주네 오이밭으로 향하였다.

7.

아무리 생각해보아도 고추밭이 문제였다. 박근성 어르신은 자신의 소용에 맞추어 고추모를 심고, 도시에서 살고 있는 자녀들 몫으로 50포기를 더 심었다. 그런데 잘 자라던 고추에 두 가지 병이 생겼다. 하나는 진딧물이 까맣게 오르는 것이었다. 오이 진딧물은 연록색을 띠거나 약간 희뿌연색을 띠는데, 고추 진딧물은 검거나 갈색이다. 손이나 나뭇조각으로 문지르면 검은 액체가 흘러 징그러웠다. 또 하나는 벌레가 눈에 보이지는 않는데, 매달린 고추마다 작은 구멍이 뚫리면서 곯거나 떨어졌다. 고추를 뚫고 들어간 벌레가 밤에만 나와서 다른 고추를 뚫고 들어가기 때문에 눈에 뜨이지 않았다.

갑자기 이진보의 텃밭 농사 생각이 스쳤다. 그는 300여 평에 집을 짓고, 50여 평에는 잔디밭을 만들었다. 나머지 200여 평에 자급자족용 농사를 짓는데, 고추 농사를 특히 잘 지었다. 어르신은 마을 입구 동편에 있는 그의 집을 찾았다. 그는 입시학원 강사여서 저녁 시간에는 볼 수가 없지만, 낮에는 잠을 자거나 밭에서 일을 하기 때문에, 오후에 가면 만날 수 있었다. 이진보는 고추밭에서 일을 하고 있었다.

"이 선상님, 무엇을 하는겨?"

"구멍 뚫린 고추를 따는 중입니다. 이 고추를 플래스틱 통에 넣고 뚜껑을 닫아 놓으면, 그 속의 벌레가 죽습니다."

"그런 방법이 있는겨?"

"따서 바닥에 버리면, 밤에 벌레가 기어 나와 다시 고추나무에 오릅니다. 오르다가 다른 고추를 만나면 구멍을 뚫고 들어가지요. 그래서 멀리 버리거나, 통에 넣어서 죽게 하는 것이 좋습니다."

"아이고, 좋은 것을 배웠네. 그러면 그 벌레가 없어지는겨?"

"아닙니다. 우리가 예쁘다고 하는 조그만 나비가 있지요? 그 녀석들이 고추나 고추나무에 알을 낳습니다. 때로는 고추꽃에 알을 낳기도 합니다. 그러면 고추벌레가 생겨서 고추를 못 쓰게 하지요. 이렇게 해도 자꾸 생겨요. 그래서 생길 때마다 구멍 뚫린 고추를 따서 잡는 수밖에 없습니다."

"나도 그렇게 해야겠구만. 잘 배웠네. 그런데, 진딧물은 어떻게 하는겨?"

"어떤 분은 쌀뜨물을 분무하기도 하고, 알콜을 분무하기도 한다는데, 저는 목초액을 가끔 분무합니다. 그러면 생기다가 죽고, 생기다가 죽어서 괜찮은 것 같습니다."

"그려, 나도 목초액을 사서, 고추와 오이 진딧물을 잡아야겠구만. 잘 배웠네."

"무슨 말씀을요. 저는 이제 3년차 농삿군인데요. 저에게 잘 가르쳐 주세요."

"아닐세. 요즘은 젊은 사람들에게 배워야 하는 시대여."

목초액을 사야겠다고 다짐을 하면서 집을 나서는데, 잔디밭에 있는 개망초 싹과 쑥잎이 시들어 가고 있었다. 개망초도 잔디를 이기고, 쑥도 잔디를 이기는 독한 종류인데, 어찌된 일인지 모를 일이었다.

"이진보 선상님, 왜 쑥이 저렇다? 개망초는 또 왜 저렇댜?"

"예, 잔디는 살고 다른 풀을 죽이는 약을 좀 뿌렸어요?"

"그럼, 제초제를 한겨?"

"제초제라기보다, 선택적으로 제초를 하는 약이 있더라구요."

"그것도 제초제가 아닌겨?"

"그렇긴 그런데, 잔디밭은 농사가 아니어서. 친환경에는 상관이 없을 겁니다."

"그려? 우리 조상님들 묘에 있는 아카시아 나무에 제초제를 뿌려도 안 된다고 했는데. 그런데, 이런 것은 되는겨?"

"그럴 것 같습니다."

고개를 가로 저으며 돌아가는 중에 자기 집 마당가에 무성한 잡초를 예초기로 잘라내는 이장을 만났다. 면 소재지나 군에 갈 때 목초액을 좀 사다 달라고 부탁하려고 찾은 길이었다. 박근성 어르신을 본 이장은 예초기를 껐다.

"어르신 어디 다녀오세요?"

"이진보 선상님네에 가서 좋은 것을 잘 배웠지."

"뭘 배우셨는데요?"

"오이나 고추에 있는 진딧물은 목초액을 분무하여 잡더구만. 그것은 농약이 아니지?"

"그럼요. 친환경에서 아주 중요한 약제지요."

"언제 장에 가거나 군청에 갈 때 우리 것도 좀 사다 주실 수 있는겨? 나는 어디에서 파는지도 모르고. 사 오면 값은 나중에 치를게."

"그러세요. 우선 어르신 몫으로 20리터짜리 1통을 사오겠습니다. 또 무엇을 배우셨는데요?"

"벌레 먹은 고추를 따서 통에 넣어 죽인 다음에 거름으로 쓴다는겨."

"그것도 좋겠네요."

"그라고, 진짜 좋은 것을 배웠지. 잔디밭에는 제초제를 써도 된다믄서? 그래서 저 산기슭에 있는 우리 조상 묘소에 있는 아카시아 뿌리를 죽이기 위해서 그라목손을 써도 된다믄서? 정말 다행이네. 다행이야."

"그게 아닌데요."

"그게 아니라니, 이진보 선상님이 제초제로 개망초 잎과 쑥잎을 죽이는 것은 농사와 직접 관련이 없어서 괜찮다고 하던데. 그게 아닌겨?"

"어르신 그것 둘 다 안 됩니다. 처음 마을 회의에서 제초제도 안 된다고 정했지 않습니까?"

"아이고, 좋다가 말았네. 그럼 이제 아카시아는 어쩐다!"

목초액으로 진딧물을 해결할 수 있다는 이야기를 듣고 발걸음이 가벼웠는데, 산소의 아카시아를 잡을 수 있어 신이 났는데, 그것이 안 된다니, 집으로 돌아가는 발걸음이 자꾸 무거워졌다.

8.

박근성 어르신에게 목초액을 전하러 온 이장이 잔잔하게 말하였다.

"어르신, 김민주가 화가 났다고 하네요."

"왜, 무슨 일이 있는겨?"

"자기가 농약을 하지도 않았는데, 이장에게 고자질을 했다고, 눈에 쌍심지를 켜면서, 어르신이 농약을 뿌리나, 안 뿌리나, 끝끝내 살펴보겠다고 그러네요."

"그러라지 뭐. 나는 농약을 하지 않으려고, 이장님에게 목초액을 부탁하지 않았는겨?"

"그렇지요."

"나는 농약을 하지 않기로 한겨. 그런데 큰 농사를 짓는 사람도 농약을 하지 않을 수 있는지는 모를 일이구먼."

"그게 걱정이지요."

"김민주네는 농약통도 없는데, 어떻게 한겨?"

"물통에 물을 받아 놓고 하루에 두 번씩 오이밭에 관수를 하잖아요? 그 물에 살충약을 섞어서 뿌렸는가 봐요. 말은 않지만, 다른 마을 사람들도 그렇게 한다고 하네요."

"그렇게 설레발을 치던 녀석이 결국에는 사단을 내었구만. 남들은 못하게 해놓고, 저는 몰래 농약을 친겨?"

"그걸 들켜서 어르신이 야속한가 봅니다."

"똥 싼 놈이 성낸다더니, 그 꼴이구만."

"그리고 이진보도 어르신을 곱지 않게 보는 것처럼 말을 합니다."

"왜?"

"진딧물 없애는 것하고, 고추 벌레 없애는 것을 배웠다고 하면서 가셔 놓고, 제초제 사용한 것을 저에게 일러바쳤다고 삐죽거리네요."

"내가 뭘 아는겨? 지들이 잘못해놓고, 말을 전한 나에게 화풀이를 하는겨? 종로에서 바람 피고, 소문 낸 사람에게 화풀이를 하는겨?"

"그러게 말입니다."

"내가 만나면 말을 하지. 농약을 하지 말자고 가장 강조하여 말한 사람들이 그렇게 하면 안 되는겨. 나는 친환경인가, 무농약인가, 그걸 반대했지만, 마을회의에서 정한 것이니까, 나는 그대로 지키려고 하는 사람인겨. 그런 내 맘을 이장님이 잘 전달하면 좋겠구만."

"어떻든 어르신 댁에 농약이나 제초제를 두지 않았으면 좋겠습니다. 저들이 그런 것을 찾아내려고 들 겁니다."

"말해 주어서 고맙네. 목초액은 어떻게 섞어서 쓰는겨?"

"섞는 비율은 싸인펜으로 크게 써놓았습니다. 그럼 안녕히 계세요."

"고맙네. 다음에 보세."

이장은 자전거를 타고 떠났다. 자기 농사일을 하랴, 마을일을 하랴, 저러다가 쓰러지지 않을지 모른다는 생각이 들어 마냥 안쓰러웠다.

9.

사랑채로 들어선 박근성 어르신과 이장 김대로, 김민주, 이진보 네 사람은 두레상을 가운데 두고 좌정하였다. 저녁상인 듯 정갈한 반찬이 차려져 있었다. 그 곁에는 도자기로 된 술병이 놓여 있었다. 안방 할머니께서 눈치를 채시고, 잔 세 개와 술병 하나를 더 가져다 방문 안으로 밀어 놓았다. 어르신이 술병을 들어 술을 따라 주어도 세 사람은 마땅치 않은 표정이었다.

"자, 자, 한잔씩 받지. 우리 할멈이 담근 술이라 괜찮을 걸세."

김민주가 어렵게 말을 받았다.

"그야 지들도 잘 알고 있지만, 오늘 일은 짚고 넘어가야 하지 않을까요?"

"무얼?"

"농약을 치신 것 말씀이지요."

"아, 내가 아까, 목초액으로 진딧물 잡은, 고마운 인사를 했잖은겨?"

"그 일 말고요."

"아, 글쎄. 고추에 구멍 뚫는 벌레 잡은 것도 잘 배웠다고 했잖은겨?"

이진보도 어렵게 말을 받았다.

"그 일은 그 일이구요."

"같은 이야기가 아닌겨?"

"지들은 다른데요. 어르신."

"뭐가 다른겨?"

그러자 이장이 다시 말머리를 돌렸다.

"김민주가 오이에 농약을 친 것을 어르신께서 저에게 말씀하신 것은 맞으시잖아요?"

"맞지. 맞고말고."

"이진보가 잔디밭에 제초제를 뿌린 것도 말씀하셨잖아요."

"그랬지. 그렇고말고."

"그러시면서, 어르신께서는 오늘 왜 배추밭에 농약을 뿌리셨느냐, 저희는 그 말씀입니다."

"아, 그것?"

"예!"

"에이 이 사람들, 설마 내가 농약을 쳤다고 생각하는겨?"

"아까 저희들 눈 여섯 개가 분명이 보았는데요."

"그런 오해가 있었구만. 알았네. 알았어. 그럼 내가 그 농약을 보여 주지."

어르신께서는 술병을 놓고, 사랑채 뒷방으로 건너갔다가 큰 술병을 두개 들고 나왔다. 그리고는 상 옆에 놓고 좌정하였다.

"이 소주는 과실주를 담는데 쓰는 술이지. 다 알지 않는겨? 술의 도수는 30도짜리하고 35도짜리가 있지. 하나는 5리터 병이고, 큰 것은 10리터 병이지. 아까 내가 농약통에 넣어 분무한 것은 바로 이 술일세. 큰 병 두 개를 넣으면 농약통에 하나 가득하지. 그 걸 뿌리면 애벌레가 죽거나 애벌레의 기운이 빠진다는 말을 누구로부터 듣고 분무하였는데, 효과가 있으려나 몰라. 효과가 있으면 좋겠는데."

"그러셨어요?"

"그럼, 아까 내가 농약통을 씻지도 않았잖아. 알콜로 분무한 약통을 씻을 필요가 있을까?"

"그건 아니지요."

그들을 바라보던 어르신이 뜻 모를 미소를 머금으며 말을 이었다.

"음, 좋아. 오늘 나를 오해한 세 사람에게 벌주를 내리지. 기본으로 우리 할멈이 빚은 술 석 잔을 마시고, 벌주로 35도짜리 소주 한 잔씩을 마셔야 하네. 더 마시는 것은 얼마든지 환영하겠네. 쓰러지지 않을 정도라면, 밤새 마셔도 술은 부족하지 않을 걸세."

"고맙습니다. 어르신."

"그리고 죄송스럽습니다. 어르신."

어르신이 따라주는 가양주가 한 바퀴 돌았다. 어르신도 함께 들었다. 다시 가양주가 한 바퀴 돌았다. 또 다시 가양주가 한 바퀴 돌았다. 마지막으로 벌주 35도짜리 소주 한 잔이 돌았다. 그러고도 가벼운 마음처럼, 가양주 술잔이 빙

글빙글 돌았다. 안방 할머니도 밤새 세 번이나 술병을 내오느라 잠을 설쳤다.

* 후기 : 농사 이야기지만, '친환경 마을' 존재 여부는 확인한 바 없다.

신탄진 강바람소리

신탄진 강가 모래밭에는 사래가 긴 보리밭이 있습니다. 아름다운 풍광이지만, 천강은 그곳을 생각할 때마다 가슴이 쿵덕거립니다.

처녀 시절, 천강은 무애와 같이 길을 걷다가 갑자기 강이 보고 싶었습니다. 그래서 팔짱을 끼고 찾아간 곳이 신탄진 모래밭이었습니다.

모래밭에 앉아 물소리를 들으며 별을 헤었습니다. 별보다 반짝이는 앞날의 사랑을 꿈꾸었습니다. 그때 어둠처럼 다가온 검은 그림자가 있었습니다. 갑자기 다가선 검은 그림자는 무애의 입을 틀어막으며, 무겁게 말했습니다.

"소리 내면 죽인다!"

두 사람은 무서워 아뭇소리도 내지 못하였습니다. 그러

자 다시 무겁게 말했습니다.

“움직이면 죽인다!”

벌벌 떨고 있는데, 그 그림자가 무애의 치마 속으로 손을 넣었습니다.

“으아, 안돼요!”

검은 그림자가 무애를 덮치는 사이, 천강은 후다닥 튀었습니다. 그러자 검은 그림자가 “어, 저년이!” 소리치며 뛰어갔습니다. 천강은 퍽퍽거리는 모래밭에서 몇 발짝 못 가서 잡혔습니다.

그 사이 무애도 소리 없이 달렸습니다. 무작정 달렸습니다. 신탄진 여울 소리가 귀에 들렸지만, 그날은 아뭇소리도 듣지 못했습니다.

그 이후, 천강은 산부인과를 다녔습니다만, 무애에게는 아무 말도 없었습니다. 신탄진 바람소리 때문에 감기가 걸렸으리라고 무애는 생각했습니다.

민들레, 꽃과 홀씨

무애 시조시인께서 사무실에 들르셨습니다.

환담을 하던 중, 사모님께서 위암 수술을 받은 경위를 말씀하셨습니다. 3년이 경과하였는데, 항암 치료 효과가 있다는 민들레를 캐다가 즙을 내거나 삶아서 드신다는 말씀이셨습니다.

그런데, 대전 주위, 알 만한 곳은 돌아다니면서 캐었기 때문에 민들레가 떨어졌다는 것입니다. 더구나, 2004년 경칩 폭설로 민들레를 찾기도 힘들다고 한숨을 내쉬는 것이었습니다.

"무애 선생님, 내 차 타고 100리길 우리 집으로 가십시다."

"회장님 댁을요?"

"왜요? 시간이 없으십니까?"

"아니요. 집에 내자가 혼자 있어서……."

"우리 집 마당에 민들레가 지천입니다. 마당에 흙을 덮어서 많지는 않겠지만, 그래도 좀 있을 테니, 함께 가십시다.

"회장님께서 바쁘실 텐데요?"

"괜찮습니다. 사모님 약이 더 중요하지요."

오후 3시 5분. 무애 선생님을 모시고, 나는 충남 공주시 우성면 대성리에 있는 시골집을 향해 차를 몰았습니다.

무애 선생은 사모님과 만난 이야기, 맏딸이 시집간 이야기, 요즘에 아파트를 넓힌 이야기 등을 뒷자리에서 자랑삼아 말씀하셨습니다. 백미러로 바라보다가 말대답을 하다가, 고향 집에 도착했습니다.

마당가에 민들레 몇 포기가 눈에 뜨였습니다. 아직 꽃대는 보이지 않습니다. 양지쪽에 있는 몇 포기에는 꽃대가 막 올라오고 있었습니다. 호미를 가지고 둘이 캐기 시작했습니다. 20여 뿌리를 캐고 나니, 더 이상 보이지 않았습니다.

고향집에서 사시는 어머님께서는 민들레가 있는 곳을 찾아 주셨습니다. 아들과 함께 온 분이 약으로 쓰실 민들레를 캐가도록 여기 저기 마당 구석에 숨어 있는 민들레를 찾아 주셨습니다.

사실은 민들레 노란 꽃을 좋아하신 어머니께서는 우리 마당 근처의 민들레를 아무도 캐지 못하게 하셨습니다. 민들레 홀씨가 바람에 날리는 모습을 좋아하셔서, 봄날이면 가끔, 민들레 홀씨가 날린다고 전화를 하시던 어머니신데, 오늘은 앞장서서 아낌없이 민들레를 찾아 주셨습니다. 아들을 위해, 아들과 함께 온 분을 위해 어머니의 관상식물을 기꺼이 버리셨습니다.

어머님께 인사를 하고 돌아서는데, 저녁노을 때문만은 아닌 것 같습니다. 괜스레 눈물이 핑 돌았습니다.

어머니께서 아끼시는 민들레를 주셨으니, 무애 선생님의 사모님께서 하루 속히 쾌차하셨으면 좋겠습니다. 그런 마음으로 하루를 접었습니다.

산새

대숲 흔들리는 바람소리가 부를 때면 언제나처럼 창문을 열었다. 창 밖에는 그대의 가슴에 어린 풋풋함이 싱그럽게 손짓하고 있었다. 그대 마음만큼이나 부드러운 달빛이 너울거리고 있었다. 바람소리를 따라, 그대 손짓을 따라, 부드러운 달빛을 따라 길을 나서면 달맞이꽃이 반갑게 맞아주었다. 풀숲 사이 개울물이 노래하였다.

그래, 고향 충청도, 그 안에서도 금강물 출렁이는 백제의 고도 공주 웅진성, 시내에서도 걸어서 삼십 리 길, 그 평화로운 고향의 뜨락에서 자연이 들려주는 음악소리를 들으며 청순했고 수줍었던 머스마의 계절은 바뀌고 또 바뀌었다.

그대, FM의 선율을 귀에 담고 있는 그대에게 오늘은 나의 노래를 들려주고 싶다. 사방이 벽으로 막혀 버린 답답함을 음악의 마력으로 벗어나고 싶은 그대에게, 자유로우면서도 아름다운 내 고향의 대숲소리와 바람소리, 그리고 달빛이 부서지는 금강을 출렁임을 들려주고 싶다.

금강은 꿈의 강이다.

자, 그대여 내 손을 잡고 조용히 눈을 감으라. 환상의 빗장을 열고 춤추듯 살포시 발길을 떼어 놓으라. 그대와 나는 저 강물처럼 하나가 되어야 한다. 그대와 금강도 하나가 되면 저 물소리가 들리리라.

자, 귀를 열렴. 들리지 않니? 수심의 밑바닥에서 낮은 음으로 출발하여, 차차 솟아오르면서 찬란히 쏟아지는 물결소리가 들리지 않니? 막혔던 숨통이 탁 트이는 시원하고 장쾌한 가슴이 되지 않니?

그 박자에 맞추어 우리 춤이라도 추어보자. 묵은 먼지를 씻어내며 상쾌함이 가득한 가슴이 되자. 그래, 그래. 그렇게 박자를 맞추면 된단다. 노래하는 심정이, 조용히 흐르는 선율이 달빛으로 물들면 그대여, 따사로운 어머니의 품에서 맥박소리를 듣자. 그래, 그 푸근한 품에서 우리 날개를 달자. 희망의 날개를 날고 큐피트의 사랑이 여울지는 소용돌이를 보자. 그 소용돌이를 지나 다시 잔잔해진 수면에 닿으면 눈을 뜨자.

그러면 그대는 쇼팽의 '즉흥환상곡'이 내 고향 강변에서

쉼없이 흘러나옴을 알게 되리라.

그대여, 이제 이어폰을 빼고 소리를 좀 높이렴. 밝게 비추는 전등을 끄고 창문을 열렴. 창가에서 흘러나오는 FM의 소리가 지나는 이에게 신선한 옹달샘 물소리가 된다는 것을 기억하렴. 자, 다시 한 번 확인하렴. 너무 크지 않게, 너무 시끄럽지 않게, 우리의 영혼을 나누렴. 그런 우정의 눈으로 창밖을 보렴. 그대의 눈에 찬란한 꽃보석인 양 반짝이는 별과 굽이도는 은하수가 보일 것이다.

새로움과 경이의 감탄사 속에서 거세게 흐르는 격랑이 보이고, 급류가 보이고, 그러면서도 잔잔한 수면의 칭얼거림을 찾을 수 있다면 그대는 요한 스트라우스와 함께 '아름답고 푸른 도나우' 강가에 있는 것이다. 귀가 아닌 눈으로 보는 왈츠의 세계에서 지나온 삶의 희로애락을 찾은 것이다.

그대가 들려주는 FM의 선율을 타고 나는 떠나련다. 그대가 들려주는 선율 속에서만 나는 고향의 사람들을 만날 수 있고, 포스터가 노래한 '스와니 강'을 찾아갈 수 있음이니, 오늘 나는 그대의 창가에 서 있다가 콧노래를 흥얼거리면서 고향길을 달리리라.

머나먼 저곳 스와니 강물 그리워라
날 사랑하는 부모 형제 이 몸을 기다려
정처 없이 헤매이는 이 내 신세
언제나 나의 옛 고향을 찾아가 볼까
이 세상에 정처 없는 나그네의 길
아, 그리워라 나 살던 곳
멀고 먼 옛 고향.

그대 나를 따라 나서지 않겠니? 고향의 숲에서 부르는 저 간절한 손짓이 보이지 않니? 마른 가슴을 적시는 개울물 소리가 그대와 내 가슴에 쏟아지지 않니?

자, 어서 나서렴.

우리 꿈의 오솔길을 걸으며 사슴이 되자. 그래 맑은 눈망울의 아기 사슴이 되자. 대숲의 바람소리를 들으며 따사로운 깃털의 산새가 되자. 그래. 우리, 자연이 베푸는 음악 속에서 아름답게 살자.

가슴이 저려왔습니다

양 시인이 찾아온 것은 1997년 세모(歲暮)였습니다. 전에 보았던 모습과는 달리, 얼굴에 윤기가 흐르지 않는 것이 어딘가 아파보였습니다. 자별하게 지내지는 않았지만 반갑게 인사를 나누었습니다. 무거워 보이는 가죽 가방을 메고, 갈색 코트를 입어서 그런지 시인의 모습이 밝지 않아 보였습니다.

"선생님, 내 시집 좀 내주셔야겠어요."

자리에 앉으면서 건넨 첫 마디였습니다. 인사도 나누기 전이었습니다. 차도 마시기 전이었습니다. 당연히 시집을 발간해야 하는 권리가 있는 듯이, 내 눈을 정시(正視)하면서 한 말이었습니다.

앞자리에 마주 앉아 나도 그 눈빛을 받았습니다. 그 눈에는 형언(形言)할 수 없는 정서가 복잡하게 얽혀 있었습니다. 간절한 듯, 애잔한 듯, 때로는 분노하는 듯 보였습니다.

"서울에 있는 출판사에 갔었습니다. 등단한 신문사에도 갔었습니다. 잡지사에도 갔었습니다. 다른 데도 몇 군데 갔었습니다. 내 시집을 내 주지 않는답니다."

침을 꼴깍 삼키더니 다시 이었습니다.

"시집을 내려면 몇 백만 원을 준비해 오랍니다. 그래서 이 선생님을 찾아왔습니다. 내 시집을 내주셔야겠어요."

가방에서 원고 뭉치를 꺼내 놓았습니다. 여러 편의 시 원고가 나왔습니다. 대학교수가 쓴 시집 해설도 나왔습니다. 시집에 넣을 삽화도 나왔습니다. 그 원고를 테이블 위에 내어 놓고 다시 내 눈을 바라보았습니다. 오래 전에 김 모 시인과 함께 찾아왔을 때 보았던, 잔잔한 눈빛이 아니었습니다.

마음을 가라앉히려, 조용하게 물었습니다.

"양 시인님, 차는 무엇으로 할까요?"

"냉수로 주세요."

유리컵의 냉수를 마시며, 좀 가라앉는 것 같았습니다. 0 시인은 대학에서 철학을 공부한 시인이라 삶에 대하여 진지한 성찰을 보이는 분입니다. 인간이 어떻게 신성(神性)에 이를 수 있을까를 고민하는 시인입니다. 오욕(汚辱)에

찌든 인간이 어떻게 신과 같이 지고한 경지에 오를 수 있을까, 깊은 사색을 작품에 투영하는 분입니다. 삶의 진솔함과 순수함을 간직한 시인이기도 합니다.

"이 선생님, 나는 돈이 없어요. 그래도 시집은 내고 싶어요. 오빠가 많이 아파요. 나도 머리가 아파서, 어디에 갇혀 있다가 나왔어요. 어쩌면 잡혀서 다시 갇힐지도 몰라요. 갇히기 전까지 시집을 내 주세요."

물 한 모금을 마신 뒤 다시 이었습니다.

"엄마가 불쌍해요. 아픈 오빠와 나를 돌보시는데, 엄마도 많이 아프세요. 그래서 빨리 시집을 내고 싶어요. 시집을 내 주세요. 고마움은 두고두고 갚을게요."

눈물겨워야 할 이야기를 담담하게 말하는 시인을 바라볼 수밖에 없었습니다. 학교에서도 성적이 아주 우수한 학생이었다는 이야기를 들었습니다. 지방의 일간신문 신춘문예를 통하여 등단하고, 다시 문학잡지의 신인상을 받아 등단한 것도 알고 있었습니다. 작품의 주제도 범속한 데에 머물지 않고, 정신세계를 지향하고 있음을 잘 알고 있었습니다. 그래서 참 좋은 시인이라는 생각이었습니다.

1998년 2월에 그의 첫 시집이 발간되었습니다. 그 시집을 받고 기뻐하는 모습은 흡사 선물을 받은 초등학생 같았습니다. 그렇게 순수한 모습이 너무나 아름다워서, 2006년에 두 번째 시집도 발간해 드렸습니다. 시집을 낼 때마다 작품이 좋아졌습니다. 건강한 시심을 되찾는 것 같아서, 2009년에 세 번째 시집도 발간해 드렸습니다.

그리고 2011년 8월에 다시 한 권 분량의 원고를 들고 찾아왔습니다.

"내 머리가 아파요. 혹시 내가 잘못 되더라도, 이 시집만은 꼭 내어 주세요. 마지막 원고일지도 모르겠어요."

부탁하는 시인을 보면서, 내 가슴이 저렸습니다. 자신도 아프면서, 중병으로 누워 있는 오라버니를 돌보아야 하는 시인, 그래서 가슴과 머리가 아프다는 시인 때문에 눈물이 어렸습니다.

*

얼마나 절실한 작품을 얻으시려고, 하나님은 그를 또 아프게 하시는 걸까, 가슴이 오그라들 듯이 저려 왔습니다.

금강의 물소리

김 노인이 고향을 찾았다. 어린 시절의 추억이 나부끼는 금강의 디디울나루에 섰다.

*

고향을 떠나본 사람이 고향 그리운 줄을 알고, 조국을 떠나본 사람이라야 조국의 고마움을 안다지만, 그는 항상 금강과 살아왔으면서도 금강의 소중함을 알고, 금강의 소근거림을 듣는다.

어릴 때부터 금강물과 같이 숨쉬어 온 것은 떼려야 뗄 수 없는 숙명의 인연으로나 이야기할 수 있으리라. 나고 자란 곳이 금강을 젖줄로 살아가는 공주시였으며, 그 물에서 추억의 분신들이 배태되었으니 더 말하여 무엇하랴.

그가 자란 곳은 충남 공주시 우성면 대성리이다. 잘 알고 있는 곰나루에서 하류로 조금만 내려가면 디디울나루가 나온다. 그 나루를 이용하여 공주 읍내를 내왕하였다. 교통수단이 발달하기 전인지라, 중학교와 고등학교 시절 6년 내내 늘 디디울나루를 아침과 저녁으로 건너다녀야 했다.

아침마다 풋풋한 상쾌함을 맛보며 미루나무 숲 사이를 걸어가다 보면 강가에 펼쳐진 조약돌만큼이나 많은 추억들을 갖게 되고, 저녁놀에 시장기를 느끼며 발걸음을 재촉하였다. 등교 10km, 하교까지 왕복 20km를 6년이나 걸어서 통학하며 금강과는 지기가 되어 갔다. 물론 어릴 때 간직한 추억도 컸지만 감수성 예민한 청소년기에 마주한 금강은 유달리 친근하였으니, 아마도 그 청아한 물소리 때문이 아니었을까?

봄이 오는 소리도 제일 먼저 알려주는 친구가 금강이었다. 강가에 펼쳐진 보리 이랑에서 하늘 높이 치솟는 종다리의 희열에 찬 노랫소리가 언제나 귓가에 맴도는 가운데, 샛노란 유채꽃에서는 벌과 나비가 다정해 보였다. 까만 셀리복에 흰 카라가 청순해 보이기만 하는 여학생과 바쁜 등굣길을 늦추어 걸으며, 또한 하교길에 만나서는 인생의 봄을 이야기하며, 해가 지는 줄을 몰랐으니, 그것이 모두 금강이 지어낸 일지 춘심의 서곡이었다.

여름의 두 얼굴도 금강이 보여 주었으니, 작열하는 일광과 함께 시원한 자맥질은 참으로 아름다운 자연과 인간의 교감이었다. 요즘과 같은 수영복이 있을 리 만무하였으니, 누구 하나 부끄럼 없이 나신을 보이며 금강의 물속에서 삶의 청청한 투지를 기르고 있었다. 큰물이 들어 강의 이쪽과 저쪽에 황토빛 물결이 넘실거리면, 건너지 못해 발을 동동구르면서도, 가슴에 용솟음치는 열정을 찾을 수 있었으니, 아마도 대장부의 남모를 기개를 키웠음이라.

가을의 금강은 정말로 아름다웠다. 강둑에 휘날리는 억새꽃이 눈을 사로잡을 때면, 이슬 젖은 소로의 들국화도 함초로웠다. 무청 신선한 가을밭과 잘 자라 고개 숙이 벼이삭들이 풍요로운 정취를 일깨우면 목화 따는 아낙네의 손길이 더욱 부드러웠으니, 이는 금강이 갖는 또 하나의 풍경화였다.

눈 쌓인 통학길도 청둥오리의 '꾸에꾸엑' 대화로 오히려 따뜻하였다. 나룻배를 기다리며 시린 발을 구르다가 유유히 헤엄치는 오리떼를 보면 금세 부끄러움으로 얼굴이 달아올랐다. 그게, 차가운 물속에서 먹이를 찾는 청둥오리를 보면, 추위를 견디느라 중무장한 자신이 보였다. 토끼털 귀마개, 목도리, 털장갑, 두터운 양말을 하고도 발을 동동거린 자신이 정말 부끄러웠다.

그러나 겨울 금강의 아름다움과 정취는 또 가른 것이 있었으니, 세찬 회오리바람이라도 불어치면 강을 꽉 채운 눈의 무도(舞蹈)와 온통 얼음으로 채워진 강변에서 펼쳐지는 나무꾼들의 긴 행렬이었다. 그들이 지니고 있는 나뭇짐이 차가운 방을 덥힐 때면, 그들의 아내와 자녀들은 군고구마라도 먹으며 행복의 순간들을 수놓을 것이었다.

꿈과 낭만으로 직조된 추억의 금강을 되살려 낼 때마다, 이제 달음박질을 배우는 그의 아들에게 금강의 물소리를 들려주고 싶었다. 태고(太古)의 산울림처럼 들리는 금강의 물소리를 상상으로 들으며, 곤히 잠든 아들의 발그란 볼에 입맞춤을 하며, 아들의 맑은 꿈길에서 사랑과 포용의 출렁거림을 맛보려 하였다.

*

멀리 보이는 하늘에 흰 구름이 둥실 떠갔다. 김 노인은 옷깃에 흐르는 눈물을 흘리며 돌아섰다.

대통령의 군복

천강무애 콩트선집

발 행 일 | 2017년 2월 17일
지 은 이 | 천강무애(千江無涯)
발 행 인 | 李憲錫
발 행 처 | 오늘의문학사
출판등록 | 제55호(1993년 6월 23일)
주　　소 | 대전광역시 동구 대전로867번길 52(한밭오피스텔 401호)
전화번호 | (042)624-2980
팩시밀리 | (042)628-2983
전자우편 | hs2980@hanmail.net
카　　페 | cafe.daum.net/gljang (문학사랑 글짱들)
카　　페 | cafe.daum.net/art-i-ma (아트매거진 아띠마)

공 급 처 | 한국출판협동조합
주문전화 | (070)7119-1752
팩시밀리 | (031)944-8234~6

ISBN 978-89-5669-800-7
값 15,000원

* 이 책은 교보문고에서 E-Book(전자책)으로 제작하여 판매합니다.
* 잘못 제작된 책은 바꾸어 드립니다.
* 본문에 사용한 종이는 친환경 재생지 '그린라이트' 80g/㎡을 사용하였습니다.